KB131773

킹덤

킹덤

1판 1쇄 발행 2019. 1. 30.
1판 5쇄 발행 2022. 11. 25.

지은이 김은희

발행인 고세규
편집 최은희 | 디자인 이경희

발행처 김영사
등록 1979년 5월 17일(제406-2003-036호)
주소 경기도 파주시 문발로 197(문발동) 우편번호 413-120
전화 마케팅부 031)955-3100, 편집부 031)955-3200 | 팩스 031)955-3111

값은 뒤표지에 있습니다.
ISBN 978-89-349-9486-2 03680

홈페이지 www.gimmyoung.com   블로그 blog.naver.com/gybook
인스타그램 instagram.com/gimmyoung   이메일 bestbook@gimmyoung.com

좋은 독자가 좋은 책을 만듭니다.
김영사는 독자 여러분의 의견에 항상 귀 기울이고 있습니다.

이 도서의 국립중앙도서관 출판예정도서목록(CIP)은 서지정보유통지원시스템 홈페이지
(http://seoji.nl.go.kr)와 국가자료공동목록시스템(http://www.nl.go.kr/kolisnet)에서
이용하실 수 있습니다.(CIP제어번호 : CIP2019001500)

김은희 대본집

킹덤

김영사

…들건대 괴악한 병이 개성부 등지에 만연되어 무고한
백성들이 의외의 병에 걸려 죽는다 하니 나는 몹시 측은하게
여기노라. 그 방역 문제를 대신과 예관에게 수의하도록 하라….

《연산군 일기》 연산 3년(병진년), 9월 18일

—

…함경 감사가 장계를 올려, 본도에 여역이 번져 전후로
사망한 자가 무려 이천 구백여 명에 이른다고 아뢰었다….

《광해군일기》 광해 4년(계축년), 12월 24일

—

…가을에 괴질이 유행하여 서쪽에서부터 들어왔는데
열흘 사이에 도하에서 발생한 사망자의 수효가
수만 명에 달하였다.

〈순조 대왕 행장〉《순조실록》

작
가
의
말

'킹덤'은 자신감보다는 불안감이 더 컸던 대본이었습니다.

조선시대의 동래읍성, 선운산, 상주, 문경새재 등 이야기가 펼쳐지는 장소들의 공간감이 정확하게 와 닿지 않았고, 당시 백성들의 삶에 대한 자세한 자료조사도 힘들었습니다.

처음 구상했을 때 하고 싶었던 이야기를 제대로 끝마칠 수 있을까 하얀 백지를 보고 고민할 때마다 든든한 지원군들이 곁을 지켜줬습니다. 힘든 프로젝트를 수락해주신 존경하는 동료 김성훈 감독님, 백의종군 해준 오랜 친구 장원석 대표, 〈시그널〉 때부터 고생한 오승준 PD와 박세리 작가에게 지면을 빌어 감사 인사를 하고 싶습니다.

새벽. 불 꺼진 복도. 엘리베이터를 타고 한 층 두 층 내려가서 만나는 지하 주차장. 주차된 차를 향해 다가갈 때, 어둡게 깜박거리는 불빛 아래 들려오는 기이한 소리들.

나를 향해 달려오는 좀비로 변한 사람들.

대본을 쓰다 지쳐 돌아갈 때마다 어김없이 제 머릿속에 등장하는 망상들이었습니다. 주차장이 아니라 조선 땅이 배경이 되긴 했지만, 망상을 현실로 만들 수 있게 도와주신 넷플릭스 분들께도 감사하다는 말씀 드립니다.

김은희

6

2016년 영화 〈터널〉 개봉을 앞둔 여름 어느 밤, 여의도 편의점 앞 파라솔에서 캔 맥주를 마시던 중 〈터널〉 제작자 장원석과 김은희 작가가 〈킹덤〉이란 드라마 프로젝트를 제안했다.

두 편의 연이은 영화 작업으로 인해 다소 지쳐있었던 상태라 김은희 작가가 쓰고 나는 찍기만 하면 된다는 달콤한 제안에 선뜻 하겠다고 약속해버렸다.

(앞선 두 편의 영화 〈끝까지 간다〉는 시나리오에 4~5년, 〈터널〉은 1년 가까이 걸렸기에 다른 이가 써준다는 것은 엄청난 매력이었다. 그것도 장르물 드라마의 대가인 김은희가 쓴다니 절로 믿음이 갔다. 날로 먹는 느낌이었다.)

차기작을 이렇게 덜컥 결정해버리고 나니, 주변 분들이 내 선택에 대해 의구심 가득한 물음을 퍼붓기 시작했다.

'왜 이 시기에 드라마를, 그것도 한국 시청자들이 잘 모르는 넷플릭스 드라마를 하려 하는가?'

이 반복적인 질문들로 인해, 한여름 밤 가맥에 빠져 낭만적으로 한 약속에 그럴듯한 이유를 덧붙여 나가며 '나의 진짜 대답'이 정리되었다.

내가 〈킹덤〉이란 작품을 하게 된 이유는 크게 두 가지인 것 같다.

첫째, '새로움'이다.

내가 해보지 않았던 사극 좀비물이란 장르적인 새로움,

영화 호흡과 밀도보다 훨씬 긴 시리즈물에 대한 새로움,

그리고 넷플릭스라는 낯선 플랫폼의 새로움이다.

이러한 새로움이 궁금하였고 그래서 도전해보았다.

둘째 이유는 '작가 김은희'이다.

수년 전 우리 둘 모두 일거리가 없던 시련의 시절을 버텨내며 김은희 작가와 한 무리에 섞여 시간을 보내다보니 동병상련의 마음으로 전우애가 쌓이게 되었다. 그리고 어려움을 부지런히 극복해내고 지금의 자리에 오른 작가 김은희 작가에 대한 존경과 믿음으로 꼭 한번 같이 작업 해보고 싶었다. 이러한 이유들이 정리되자, 〈킹덤〉은 더욱더 하고픈 프로젝트가 되었다.

그리고 2년 반이 지나 〈킹덤〉이 완성되었고 이제 곧 사람들을 만난다.

항상 그러하듯이 작품을 마치고 느껴지는 연출자로서의 부족함에 부끄럽고 괴롭기도 하지만 처음에 가졌던 나의 선택에 대한 이유가 가득 담긴 이 작품은 사랑스럽고 소중하기 그지없다.

이러한 소중한 작품을 하도록 연을 맺어준 '나의 영화동지 장원석', '절친의 아내이며 친구이자 최고의 작가 김은희', '똑똑해 보이는 에이스토리 오승준 PD' 그리고 '창작의 자유를 실천한 넷플릭스'에 감사한다.

또한 편의점 앞 가맥으로 야기된 미약한 시작이었을지도 모르지만, 넘치는 애정과 미친 노력으로 창대하게 채워준 〈킹덤〉 배우와 스태프 분들께 말로 다할 수 없는 감사함을 표하고 싶다.

김성훈

목
차
—

시놉시스

"왕은 죽었다.
새로운 바람이 불 것이다"

왕이 두창으로 쓰러진지 열흘째, 왕은 죽었다는 괘서가 한양성 곳곳에 나붙는데도 조선 최고
의 권력자 조학주와 그의 딸 계비는 강녕전 출입을 엄격히 제한한 채 왕의 안위를 철저히 비
밀에 부친다.

아버지의 안위가 궁금한 조선의 세자 '창'은 동트기 전 마지막 교대시간을 틈타 몰래 강녕전
잠입에 성공하고 기괴한 소리를 내며 악취를 풍기는 괴물 같은 무언가를 목격하게 되는데…

왕실을 둘러싼 음모가 벌어지고 있다는 것을 직감한 창은 왕의 전임 어의였던 이승희의원을
찾아 동래로 향하는 위험천만한 여정에 나서게 되고, 호화롭던 궁궐과 달리 전란 이후의 식막
한 땅에서 기괴한 몸짓으로 자신을 공격하는 굶주린 백성들과 마주하게 된다.

왕의 자식을 임신한 계비와, 그를 앞세워 조선의 권력을 삼키려하는 조학주, 왕에게 맞서려 했
다는 역모죄를 씌우려 창을 쫓는 군사들과, 좀비로 변해 조선을 피로 물들이는 백성들까지!

탐욕스러운 세상에 맞서, 조선을 구하려는 창의 험난한 여정이 시작된다.

이창

"난 알아야겠다. 아바마마에게,
이 나라의 왕실에 무슨 일이
벌어졌는지…"

왕세자. 궁 안에서만 살던 왕세자가 자신의 안위를 위해 궁 밖으로 나와 조선의 끝으로 향한다. 역병이 돌며 민초들의 아픔과 고통, 굶주림을 알게 되며 그들을 지키기 위해 나선다.

조학주

"바람이 지나갈 때까지
가만히 계시란 말입니다."

영의정. 일인지하 만인지상의 권력을 갖고 있으면서도, 끝없는 욕망에 사로잡혀 가족까지 이용한다. 과연 그의 탐욕은 나라를 어디까지 끌고 갈 것인가?

서비

"죽은 사람들이 괴물이
되어서 살아났습니다.
이제 곧 깨어납니다."

의녀. 역병으로 인해 괴물로 변하는 백성들의 끔찍한 모습을 직접 본 첫 목격자이자 생존자. 스승이 남긴 실마리 같은 단서를 모아 역병의 근원과 치료법을 찾기 위해 고군분투한다.

무영

반역자로 몰린 왕세자의 충직한 호위무사다. 세자와 오랜 시간 희로애락을 함께한 믿음직한 부하이자 친구 같은 존재로, 언제나 세자의 가장 가까운 곁에서 그의 안위를 지킨다.

안현대감

어릴 적 권력 싸움에 혼자 버려진 세자 곁에서 아버지와 같은 역할이 되어주었던 옛 스승. 세자가 위험에 빠진 결정적 순간 그의 편에 서서 이성적인 충고와 도움을 아끼지 않는 인물.

영신

서비와 함께 지율헌에서 살아남은 또 다른 생존자. 군인 못지않은 전투 실력이 그의 과거에 대해 궁금증을 더하는 미스터리한 인물.

중전

조학주의 딸. "대를 이을 아들, 내가 낳아드리겠습니다"라며 권력욕을 드러낸 중전은 아버지 못지않은 탐욕으로 원하는 것을 갖기 위해 수단과 방법을 가리지 않는 인물로 세자에게 또 다른 위협적인 존재가 된다.

일러두기

1 이 책의 편집은 김은희 작가의 드라마 대본 집필 형식을 최대한 따랐습니다.

2 드라마 대사는 글말이 아닌 입말임을 감안하여, 한글맞춤법과 다른 부분이라 해
 도 그 표현을 살렸습니다.

3 쉼표, 느낌표, 마침표 등과 같은 구두점도 작가의 의도를 따랐습니다. 마침표가
 없는 것 역시 작가의 의도입니다.

4 말줄임표는 두 개, 세 개, 네 개 등으로 다양하게 표현되어 있습니다. 이는 대사
 시 호흡의 양을 다양하게 표현하고자 한 작가의 의도를 반영한 결과입니다.

5 이 책은 작가의 최종 대본으로, 방송되지 않은 부분이 포함되어 있습니다.

용어 정리

D	DAY. 낮 촬영
몽타주	따로따로 편집된 장면들을 짧게 끊어서 붙인 화면
N	NIGHT. 밤 촬영
인서트	화면의 특정 동작이나 상황을 강조하기 위해 삽입한 화면. 이 장면이 없어도 상황을 이해하는 데에는 별 문제는 없으나, 인서트를 삽입하면서 상황이 명확해지고 스토리가 강조된다.
틸업	Tilt up. 카메라를 아래에서 위로 움직이며 촬영하는 기법
팬	Pan. 삼각대에 카메라를 장착하고 렌즈를 좌우 수평으로 이동하면서 촬영하는 기법

킹덤

1부

KINGDOM

1   N, 타이틀

-밤, 거대한 구중궁궐 일각, 전각들 뒤편 길을 따라 이동하고 있
는 나이가 지긋해 보이는 백발의 이승희 의원과 소반에 보자기로
덮인 탕약을 든 어린 시종 단이(남, 10대 중반). 말 한마디 없이 길을
따라 걷는 두 사람.
강녕전과 연결된 측문에 도착하고 문 앞을 지키는 내금위 무사,
이승희의 얼굴을 확인하고 '끼익' 문을 열자 그 안으로 들어선다.
이승희 의원의 뒤를 따라 강녕전으로 들어서는 단이, 긴장된 시선
으로 고개 드는데.. 순간, 하늘을 가리던 구름이 걷히고 만월이 드
러나자 그제야 보이는 강녕전의 넓고 웅장한 모습. 본채를 둘러싸
고 있는 다섯 채의 전각들.

작고 연약한 단이를 찍어 누르는 듯한 높은 지붕들의 실루엣이 불길한 괴물처럼 보인다. 넓은 뜰을 지나 한 전각으로 다가가면, 앞에서 기다리고 있던 듯 서 있는 상선.

이승희   (상선에게 인사하며) 전하께 드릴 탕약이옵니다.

-강녕전 안 복도,
침전으로 이어지는 긴 복도를 걷고 있는 이승희 의원과 탕약을 든 단이. 중간 중간 밝혀진 등불에 비추이는 근엄하고 어두운 이승희 의원의 눈빛.

이승희   전하의 침소는 절대로 엿봐서는 안 된다. 알겠느냐?
단이   (긴장한) 명심하겠습니다.

-왕의 침실,
드르륵 옆으로 열리는 미닫이문을 통해 침실로 들어서는 이승희 의원과 단이. 흐릿한 불빛 아래 왕이 누워 있는 자리가 보인다. 사방에 불투명한 발이 내려져 있어, 안의 모습은 잘 보이지 않고..
조심스레 침전으로 다가가는 두 사람.
이승희 의원이 날카로운 대침과 단침들을 펼쳐놓는 사이
탕약을 들고 발 아래로 향하는 단이.
그 순간, 왕의 침소에서 들릴 듯 말 듯.. "크헉, 컥.."
마치 짐승과도 같은 메마른 숨소리가 새어나온다.
이내 다시 조용해진 방 안. '잘못 들은 건가?'

머뭇거리던 단이, 발아래로 탕약을 조심스레 들이미는데....

"크헉.." 어둠 속에서 또다시 짐승의 소리가 들려온다.

동작을 멈추는 두 사람,

하지만 왕의 침전인지라 함부로 고개를 들지 못하고 발아래로 탕약을 내민 채 두려움에 떠는 단이.

이승희 의원도 불안한 눈빛으로 천천히 발을 들어 왕이 누운 침소를 바라보는 순간..

"크아아" 단이의 하얀 손목을 향해 돌진하는 사나운 짐승의 소리!

"으아아악!!" 단이의 비명과 함께 침소를 밝히던 촛대가 넘어간다.

-강녕전, 왕의 침소 밖 텅 빈 복도.

불이 꺼지면서 어두워지는 왕의 침소.

"크르르" 사나운 짐승의 소리와 비명 소리가 어둡고 텅 빈 복도에 울려 퍼지면서 서서히 화면 암전.

2   D, 한양성 일각

파루를 알리는 북소리와 함께 화면 밝아지면, 푸르스름한 새벽의 미명 아래, 익스트림 클로즈업으로 보이는 붉은 피로 적힌 괘서.

'왕은 죽었다. 새로운 바람이 불 것이다.'

그런 괘서를 거칠게 뜯어내는 손에서 화면 빠지면,

오가는 사람 하나 없이 텅 빈 한양성 저잣거리 초입 벽에서 괘서를 떼어낸 서슬 퍼런 내금위장 이도진(남, 30대 초반)이다.

그 옆에는 바싹 바닥에 몸을 굽히고 바들바들 떨고 있는 순라꾼들.
그 옆엔 말 위에 올라탄 채, 이 모습을 지켜보고 있는 금군별장 범일(남, 30대 중반)을 비롯한 또 다른 내금위 병사들이다.
떼어낸 괘서를 절도 있는 손짓으로 범일에게 바치는 도진.

범일   (괘서를 읽어 내려가는) 왕은 죽었다.. 새로운 바람이 불 것이다....

도진   이뿐만이 아닙니다. 밤새 한양성 곳곳에 이와 똑같은 괘서가 백 장이 넘게 나붙었습니다.

범일   살아 계신 전하가 붕어하셨다..

순라꾼들 중 우두머리인 장교, 더욱 바싹 엎드리며

장교   죽여주십시오!

범일   죽어야지..

장교를 비롯한 순라꾼들, 낯빛 굳는다.

범일   (내금위 부하들을 향해) 이 글을 붙인 자들, 이 글을 쓴 자들,
쓰라고 지시한 자들, 왕이 죽었으면 바라는 미친놈들!
모두 한 명도 빠짐없이 잡아들여라. 역모다. 삼족을 멸할 것이다.
(괘서를 찢으며) 이 글이 성안 곳곳에 붙도록 손 놓고 있었던 자들
또한 그리될 것이다.

파랗게 질린 순라꾼들, "별장 나으리, 살려주십시오"

"살려 주십시오" 하는데, 가차 없이 그중 장교의 머리를 사납게 내리치는 도진. 붉은 피가 바닥 위로 흘러내린다.

범일   새 바람이 분다? (비웃음) 피바람이 불 것이다.

잔인한 눈빛으로 미소 짓는 범일의 모습 위로 파루를 알리는 북소리가 더욱 커지며..

3   D, 홍문관

'쾅' 문이 열리면서 들어서는 굳은 얼굴의 젊은 홍문관 교리들..
책상에 앉아 있던 백발이 성성한 대제학 김순(남, 60대 후반)에게,

교리1   해원 조씨 가문이 어린 유생들을 잡아들이고 있습니다.

4   D, 몽타주

-낮, 한양성 인근, 서원. 쾅, 문이 열리면서 들어서는 의금부 도사들.
다짜고짜 누각 위에 모여 있던 유생들을 끌어내기 시작하고, 순식간에 아수라장이 되는 서원.

-낮, 한양성 안, 또 다른 유생의 집.

비명 소리와 곡소리가 담 안에서 들려오는데, 쾅 대문이 열리며
유생 한 명의 머리채를 잡고 끌고 나오는 의금부 도사. 끌려가는
유생을 막아보려는 듯 의금부 도사의 옷깃을 잡아끌며 통곡하는
노모. 거추장스럽다는 듯 그런 노모를 거칠게 뿌리치는 의금부 도
사들.

5   D, 홍문관

어두운 얼굴의 대제학에게 답답함을 토로하고 있는 교리들.

교리1   전하께서 두창으로 쓰러지신 지 벌써 열흘째인데, 그동안 전하를
         알현한 사람은 영의정 조학주 대감과 조 대감의 따님이신 계비마
         마, 단 두 분뿐입니다. 이러니 전하께서 붕어하셨다는 참담한 괴
         소문이 도는 것 아닙니까.

         그런 사람들의 모습 위로 찢어질 듯한 유생들의 비명 소리가 오
         버랩된다.

6   D, 의금부

구름이 몰려오기 시작하는 하늘 아래 의금부 국청.
몇십 개의 화로에서 타오르는 재들이 바람을 타고 날아다니고 있

고, 그런 화로에서 달궈진 인두가 십대 후반 정도로 보이는 어린 유생들의 살을 파고들고 있다. '으아아악!' 끔찍한 비명들이 난무한다.

그때 다시 뒷문이 열리면서 끌려 들어오는 십여 명의 유생들.

그런 유생들 사이로 명부를 든 문사낭청이 "김가 성훈"하며 유생들의 이름을 하나하나씩 확인하고 있다.

맞은편 대청에 앉아 추국 현장을 바라보고 있는 추국관들.

그중 좌의정, 한손에 괘서를 들어올리며

좌의정   한양성 인근 서원의 유생 89명이 뜻을 합하여 이 괘서를 붙였다는 고변이 있었다. 자백하라. 가장 먼저 자백하는 자는 목숨만은 살려줄 것이다.

가장 앞쪽에서 고문을 받고 있던 어린 유생 1, 극도의 고통에 부들부들 떨며 비명을 지르다가 추국관들을 바라보는데, 분노로 떨려오는 눈빛.

피를 토하며 일갈을 터뜨린다.

유생1   이 나라의 진짜 역적이 누구인가!

붉게 충혈된 눈빛으로 비명을 지르듯 소리치는 유생 1의 목소리에 맞춰 의금부 추국관들 중 가장 높은 곳에 앉은 조학주의 모습들 부분부분이 보이기 시작한다.

당상관이 걸치는 붉은 홍의, 협각사모, 고위직을 상징하는 쌍학흉

배, 무소의 뿔로 만든 서대에 깔끔하게 정리된 수염.

유생1   처참했던 전란이 지난 뒤 백성들은 썩은 나무뿌리도 구하지 못해
       굶어가는데, 그런 나라를 일으켜 세우지는 못할망정 매관매직, 가
       렴주구로 자기 잇속만을 채우기에 급급한 간악한 외척무리..
       바로 해원 조씨 놈들이 역적이오!

       유생 1의 말에 안색이 변하는 좌의정을 비롯한 추국관들, 낯빛이
       변하며

좌의정   네 이놈! 그 입 다물지 못할까!

유생1   (그러나 더욱 목소리 높이는)
       백성들의 고혈을 빨아먹는 버러지 같은 해원 조씨가 인분을 탐하
       는 돼지 무리와 무엇이 다를까. 왕이 죽었다? 차라리 지금의 왕은
       죽는 게 더 나을 것이오. 이 나라를 그 돼지들의 우두머리인 조학
       주 대감에게 갖다 바친 나약한 왕일 뿐이니까!

좌의정   (벌떡 일어나며) 네 이놈!!

       하는데, 뒤쪽에서 들려오는 낮은 목소리.

조학주(소리)   왕은 죽는 게 더 나을 것이다.. 역모를 인정하는 것이냐?

       좌의정을 비롯한 당상관들, 조학주의 목소리 한마디에도 긴장하

는 눈빛으로 뒤를 돌아본다. 그런 시선들을 따라 그제야 보이는
영의정 조학주(남, 50대 중반). 희끗희끗 백발이 보이긴 시작했지만,
아직도 정력적인 눈빛과 낮지만 힘 있는 말투, 나라를 휘어잡을
만한 재상의 모습.
유생 1을 가만히 잡아먹을 듯 바라보며

조학주   그렇다면 새로운 바람.. 너희들이 새로 받드는 왕은 누구인가?
       이 나라의 국본.. 세자인가?

       세자를 거론하는 조학주를 바라보는 유생들의 눈빛, 삽시간에 굳
       는데..

7   D, 중궁전 앞뜰

먹구름이 잔뜩 낀 중궁전 앞뜰.
차가운 돌바닥 위에 놓인 세자의 손 위로 한 방울 두 방울씩 떨어
지기 시삭하는 빗방울. 서서히 화면 빠지면 넓디넓은 숭궁전 앞늘
에 소복 차림으로 석고대죄 중인 세자 이창(남, 30대 초반)이다. 이
미 여러 날을 이러고 있었던 듯, 초췌한 얼굴. 떨어지는 빗방울에
서서히 온몸이 젖어들며 오한이 오는 듯, 몸은 부들부들 떨려오지
만, 자세도 표정도 전혀 흔들림이 없다.
중궁전 뜰 멀리 가장자리에는 동궁전 내시와 궁녀들, 그저 말없이
세자를 바라보고만 있고..

그때, 끼이익 소리와 함께 열리는 중궁전 전각문. 그 사이로 나와 도열하는 중궁전 궁녀들. 그리고 마지막으로 문을 통해 나타나는 화사한 비단 치마.

궁녀가 든 비를 피하는 차양 아래, 상궁의 부축을 받으며 한 걸음, 두 걸음 바닥을 바라보며 석고대죄 중인 세자의 앞에 선다.

서서히 화면 틸업하면 만삭이지만 아직도 소녀의 티가 남아 있는 계비 조씨(여, 10대 후반)다.

계비   세자, 거동도 힘든 이 어미의 처소 앞에서 며칠째 이러고 계시면 어찌합니까.

자신보다 훨씬 어린 중전 앞에 머리를 조아리고 있는 창,
낯빛은 어둡지만, 공손한 말투로 입을 연다.

창   아바마마께서 병중에 계신 지 열흘째인데 아들로서 아무것도 해 드리지 못하니 이보다 더 큰 불효가 어디 있겠습니까.
부디 강녕전 출입을 허락하시어 아바마마의 곁에 있게 해주십시오.

계비   아바마마께선 두창으로 쓰러지셨습니다. 곁에서 시탕을 들다가 세자마저 같은 병에 걸려 쓰러진다면, 그 누가 이 나라의 조정을 지킨단 말입니까. 왕실의 큰 어른으로서 절대 허락할 수 없으니 어서 돌아가세요.

전각 쪽으로 돌아서는 계비. 그때 뒤에서 들려오는 창의 목소리.

창	한 가지만 대답해주십시오. 아바마마께선 무사하신 것입니까?

계비, 천천히 돌아서서 창을 바라본다.
창, 여전히 시선은 바닥을 바라보고 있지만, 아까와는 조금 다른
낮지만 강한 말투로,

창	아바마마께선.. 정녕 무사하신 것이 맞사옵니까?

창을 바라보는 계비의 앳된 눈빛이 차가워진다.

계비	세자는 아바마마에 대한 효만 배우시고 이 어미에 대한 효는 못 배우셨나 봅니다.

계비의 차가운 말투에 창의 눈빛, 굳어진다.

계비	아랫것들 앞에서 어미를 이리 불충하게 대하시다뇨. 이 어미가 그리도 미우신 겝니까? 아니면.. 태어나지도 않은 이 아우가 미우신 겝니까?
창	마마, 그 어찌..
계비	(말 끊는) 그렇지 않으시다면, 돌아가세요. (동궁전 내시와 궁녀들을 둘러보며) 뭣들 하느냐. 세자를 뫼시지 않고

계비의 말이 떨어지기 무섭게 세자를 향해 다가오는 내시와 궁녀들.

동궁전 내시   그만 돌아가시지요. 저하.

　　　　창, 전각 쪽으로 멀어지는 계비의 뒷모습을 바라본다.

8　　　**D, 궁궐 일각**

　　　　가랑비가 내리는 궁궐 일각. 중궁전을 굳은 얼굴로 걸어 나오는 창.
　　　　그 뒤를 따르는 내시와 궁녀들.
　　　　창, 천천히 동궁전을 향해 걷다가 갑자기 우뚝 멈춰 선다.
　　　　그 걸음에 맞춰 멈추는 내시와 궁녀들.
　　　　창, 잠시 생각하다가 성큼성큼 동궁전과 반대쪽으로 향하기 시작
　　　　한다.

동궁전 내시   (빠른 발걸음으로 그 뒤를 따르며) 어딜 가십니까.
　　　　동궁전은 반대쪽이옵니다.

　　　　그러나 대답 없이 빠른 걸음으로 어디론가 향하는 창.
　　　　당황한 눈빛이나, 최대한 그런 기색을 숨기며 빠르게 그런 창의
　　　　뒤를 따르는 내시와 궁녀.

9   D, 내의원

전각문이 열리며 빠른 몸놀림으로 나오는 어의.
마당에 보면 굳은 얼굴의 세자와 그 뒤에는 내시와 궁녀들.
어의, 뛰어나와 세자의 앞에 공손히 허리를 굽히며

어의   세자 저하께서 어인 일이시옵니까.

창   약방일기를 봐야겠다.

어의   (고개를 숙인 상태에서 시선만 멈칫하다가 여전히 공손한 말투로)
       송구하오나 약방일기는 내어드릴 수가 없사옵니다.

창   (차가운 눈빛으로 어의를 보다가) 이 나라의 임금께선 붕어하셨다.

어의를 비롯한 내시와 궁녀들 모두 놀라 창을 바라본다.

어의   (당황한) 저.. 저하... 어찌 그런...

창   이와 같이 참담한 소문이 떠도는 것을 어의만 모른다 할 것인가.

어의   (흔들리는 눈빛으로 고개 숙이는)

창   세자인 나조차 아바마마의 용태를 모르고 있으니 이런 유언비어
       가 나도는 것이다. 허니 당장 약방일기를 가져와라. 아바마마께서
       정녕 무사하신지 내 눈으로 직접 확인해야겠다.

어의   저하, 황송하오나 절대 외인에게 내어주지 말라는 중전마마의 엄
       명이 계셨습니다.

창   (싸늘한) 누가 외인인가?
       난 아바마마의 하나뿐인 아들이며, 이 나라의 세자다!

그러나 전혀 흔들림 없는 어의

어의   통촉하여 주시옵소서.

창, 분노에 떨리는 눈빛으로 어의를 보다가...

창   좋다. 시탕도 안 되고, 약방일기도 볼 수 없다면, 내 직접 아바마마
를 뵐 수밖에. 강녕전으로 갈 것이다.

발걸음을 돌려 강녕전으로 향하려는데, 그 앞을 가로막아 서는 내
시들과 궁녀들.

동궁전 내시 잊으셨습니까? 강녕전에 세자 저하의 출입을 금하라는 중전마
마의 지엄한 명이 계셨습니다.

창   비켜라!

그러나 꼼짝도 않고 세자의 앞을 가로막고 있는 내시와 궁녀들.
그 옆의 어의 역시 말없이 지켜만 보고 있을 뿐이다.

창   비키라 하였다!!

자신의 일갈에도 흔들림 없이 자신이 앞을 가로막고 있는 내시와
궁녀들을 바라보는 창의 눈빛, 떨려온다.

창   너희는 누구의 궁인들이냐! 너희가 섬기는 왕은 아바마마인가 해
        원 조씨인가! 대전이건 중궁전이건 동궁전이건.. 이 궐 안에 해원
        조씨를 따르지 않는 사람은 없단 말이냐.

        무력감에 빠져 내시와 궁인들을 바라보는 창의 머리 위로 점점
        거세어지는 빗줄기.

10   **D, 동궁전 서가**

        서책들이 쌓인 책장들이 줄지어 있는 적막한 서가.
        물기가 떨어지는 의복을 챙겨 나가는 내시와 궁녀들.
        의복을 갈아입은 창, 굳은 얼굴로..

창   좌익위를 부르라.

        천천히 닫히는 문. 비로소 혼자 남는 창.
        가만히 책상에 두 손을 대고 생각에 잠겨 있는데..
        곧이어 문 열리면서 들어서는 40대 초반의 곰 같은 외모의 좌익
        위 무영(남, 40대 초반)

무영   부르셨습니까?

        그런 무영의 목소리가 안 들리는지 쳐다도 안 보고 가만히 있던 창.

잠시 정적이 흐르는데, 순간 그동안 참아왔던 울분이 터지는 듯, 책상 위의 물건들을 거칠게 밀어버리며 그래도 분이 풀리지 않는 듯 손에 잡히는 책들을 거칠게 잡아 던지기 시작한다.

무영, 그런 창의 모습을 자주 봐온 듯, 전혀 놀라지도 않고 묵묵히 지켜보고 있는데, 순간 벼루를 집어던지는 창. 무영, 흠칫하며 재빨리 벼루를 아슬아슬 잡아챈다. 그런 무영을 보다가 서서히 이성이 돌아오는 듯, 거친 숨을 내쉬며 무영을 바라보는 창.

무영   (정중히 책상 위에 벼루를 갖다놓으며) 제 일 년치 녹봉보다 더 비싼 것을 던지시면 어찌합니까.

뒤이어 바닥에 떨어진 서책들을 하나둘씩 정리하는 무영.

무영   이리 성질을 부리실 것이었으면 차라리 중전마마 얼굴에 집어던지지 그러셨습니까.

창   (흐트러진 옷깃을 매만지며) 세자로서 가장 중요한 덕목이 효인데, 패악을 부렸다가 폐세자라도 되면 곤란하지.
머리에 피도 마르지 않은 어린 계집이지만, 명색이 내 어머니 아니냐.

무영   네, 효심이 참 지극도 하십니다.

창, 옆에 의자에 앉으며 무영을 보다가

창   해줄 일이 하나 있다.

무영 강녕전에 몰래 들어가 전하를 뵙고 오라는 건 아니시죠?
그건 절대 아니 됩니다. 강녕전에 몰래 숨어 들어갔다가 목숨을
부지할 자가 있겠습니까?

창 약방일기를 가져다 다오.

무영 (화들짝 놀라는) 예? 약방일기를요? 숙위병들이 빈틈없이 수직하며
지키는 물건을 제가 무슨 재주로 빼온단 말입니까?

창 ...나주에서 진상한 배, 함안에서 올라온 곶감, 고흥에서 올라온 석
류, 수라간 상궁들이 정성들여 올린 매작과..

줄줄이 읊는 창을 보며 '또 시작이구나.. 하..' 한숨을 내쉬는 무영
의 모습에서

11 N, 과거, 동장소/무영과 창의 회상

밤, 서책을 보는 듯 미동도 없이 앉아 있는 창의 뒷모습.
그런 창의 뒤편, 책장들 사이로 은밀하게 이동하는 그림자, 무영
이다.
창은 인기척도 느끼지 못한 듯 서책만 바라보고 있는데..
그런 창의 조금 떨어진 뒤쪽 테이블 위에 놓인 다과상으로 다가
가는 무영.
한과 접시에서 조심스럽게 한과 두어 개를 잡고는 조심스럽게 다
시 책장 뒤쪽으로 돌아가 소매 속에 조심스럽게 한과를 갈무리하
며 조용히 나가려는 듯 문 쪽으로 다가가는데 순간 책장 사이에

서 나타나 앞을 가로막는 창.

창   (싸늘한 눈빛) 좌익위, 김무영.

허걱 숨이 멎을 듯 놀라 그런 창을 바라보는 무영의 떨리는 손에
서 미처 갈무리하지 못한 한과 두 개가 바닥에 떨어진다. 그런 한
과와 창의 얼굴을 번갈아 보다가 떨려오는 무영의 눈빛에서

12   **D, 현재, 동장소**

그때를 기억하며 미치겠다는 얼굴이 되는 무영.

무영   언제까지 그 일로 절 부려먹으실 작정이십니까.
창   불혹의 나이에 겨우 무과에 급제할 동안 뒷바라지를 한 어진 안
          사람을 생각하거라.
무영   (미치겠는..)
창   혼인한 지 십년 만에 어렵게 자식을 회임한 그 어진 처에게 귀한
          음식들을 갖다 주고 싶어 내 다과상까지 손댄 것이 아니냐.
무영   그래도 안 됩니다.
창   내 다과상에 손댄 사실이 알려지면 당장 짤릴 터인데..
무영   약방일기에 손댄 사실이 밝혀져도 짤릴 겁니다.

창, 그런 무영을 보다가

창   오늘 밤 다과상은 귀한 육전이라 들었다.

무영, 솔깃해지는 듯 멈칫하는..

창   ..뭐 싫다면 할 수 없고..

일어서는 창. 그런 창의 귀에 들려오는 무영의 목소리.

무영   동트기 전 마지막 교대시간에는 가능할 수도 있습니다!
창   (멈춰서는)
무영   밤을 꼬박 샌 뒤, 동트기 전에는 숙위병들의 분별이 흐려집니다.
      그때 교대시간이 가장 어수선하니 그 때를 노리면 틈이 생길 수
      있습니다. 그 시간을 이용하면 약방일기를 갖다 드릴 수 있을 것
      입니다.

그런 무영을 천천히 돌아보는 창.

-시간 경과되면
밤, 홀로 서가에 남아 있는 창.
창밖 너머 손 안에 닿을 듯 보이는 강녕전을 바라본다.

창(소리) 동트기 전 마지막 교대시간..

13   N, 몽타주

-동트기 전, 아직은 어두운 하늘 아래, 궁궐의 곳곳, 교대시간인 듯 이동을 시작하는 궁인들의 모습.

-동궁전 서가 밖 복도, 스르르.. 은밀하게 서가의 문이 열리고.. 조심스레 나오는 창.
텅 비어 있는 복도를 보고 옅은 안도의 한숨 내쉬며 나와 코너를 도는데 일렬로 무릎을 꿇고 앉아 있는 궁녀들.
창, 놀라서 움찔하는데 자세히 보면 미동도 없는 궁녀들, 보일 듯 말 듯 고개를 까닥거리며 선잠에 빠져 있다.
창, 졸고 있는 궁녀들 사이를 지나가며

창   (나지막이) 그래... 푹 자거라..

-동궁전 밖, 넓디넓은 뜰.
밖에 나온 창, 기와 아래 어둠을 따라 동궁전을 빠져나가는 데 성공한다.

-동궁전을 빠져나온 창, 전각들 사이를 지나 강녕전 쪽을 향해 다가오다가 강녕전으로 통하는 측문이 있는 모서리 옆에 멈춰 서서 측문 쪽 상황을 고개를 내밀어 바라보는데.. 측문을 지키고 있어야 할 군사들이 아무도 보이지 않는다. 도대체 어떻게 된 거지? 의아한 시선으로 은밀히 다가가 문을 열어 보는데, 안에서 잠겨

있다. 그때 저 멀리에서 다가오는 다른 군사들의 발자국 소리. 창,
빠르게 담을 넘는다.

-강녕전 앞뜰. 측문 옆 담으로 사뿐히 내려서는 창.
강녕전 뜰 쪽을 보다가 멈칫.
넓은 뜰 어디에도 내금위 군사들이 보이지 않고, 텅 비어 있다.
어떻게 된 거지? 의아하게 보다가 저 앞쪽으로 보이는 전각문을
향해 빠르게 다가간다.

14   N, 강녕전 안 복도

어둡고 텅 빈 복도 안으로 들어서는 창. 긴장한 눈빛으로 은밀하
게 한 발자국 옮기는데, 어둡고 긴 복도 안 저쪽에서 들려오는 사
람들의 발자국 소리와 다가오는 호롱불의 불빛. 다급히 반대편으
로 걸음을 옮기려는데 또 다른 반대편 쪽에서도 들려오는 사람들
의 인기척.
다급히 좁은 복도 쪽 기둥 뒤로 몸을 숨기는 창.
점점 가까워지는 사람들의 인기척. 창의 뒤쪽 갈림길에서 마주친
듯, 대화를 시작하는 사람들의 목소리가 들려온다.

범일(소리) 전하가 사라져?
상선(소리) 송구합니다. 잠시 자리를 비운 사이에..
범일(소리) 죽고 싶지 않으면 당장 찾아내게. 어서!

그 소리와 함께 반대 방향으로 흩어지는 발자국 소리들.

창   전하.. 아바마마가.. 사라지셨다?

어디에 계신 거지? 창.. 주변을 경계하는 듯 살피다 사람들의
인적이 없는 복도를 따라 걸어간다.

15   **N, 또 다른 강녕전 복도 일각**

어두운 복도를 따라 걷는 창. 코너를 꺾어 어두운 복도 안으로 걸
어 들어가는데, 뒤쪽에서 들려오는 '삐걱' 하는 소리.
누군가 쫓아오는 건가? 잠시 멈춰 서는데, 또다시 뒤이어 느리게
'삐걱' 더욱 다가오고 있는 소리.
창, 주변을 바라보는데 이번엔 복도에 몸을 숨길 곳이 없다.
반대편을 향해 이동하는데, 또다시 더욱 가까이서 들려오는 '삐
걱' 하는 소리. 창, 앞에 보이는 방문을 열고 들어가 몸을 숨긴다.

16   **N, 강녕전, 방**

창호지로 된 문 안에서 숨을 죽이며 밖의 동정에 귀를 기울이는 창.
밖에서는 더욱 다가오는 '삐걱' 하는 복도를 밟는 소리와 함께 문
밖에서 들려오는 낮은 "으르렁.." 하는 짐승의 소리.

이게 무슨 소리지? 멈칫 해서 창호문 밖을 바라보는데, 창호문 너머로 서서히 비치기 시작하는 그림자.

천천히 손부터 나타나기 시작하는데 순간 느껴지는 피비린내와 악취.

그리고 점점 더 선명하게 들려오는 '크르르르' 하는 짐승의 소리.

그와 함께 점점 더 창호문 밖으로 이동하는 그림자가 선명하게 보인다.

달빛에 비친 기괴하고 크게 늘어진 그림자, 그 걸음걸이가 여느 사람과의 몸짓과는 사뭇 다르게 움직이고 있다.

그와 함께 냄새를 맡는 듯 킁킁거리는 소리, 으르렁, 크르르 하는 목이 막힌 듯한 기괴한 소리와 심한 악취.

그런 그림자를 바라보는 창의 눈빛, 놀람으로 굳어진다.

도대체 저게 뭐지..? 숨이 멎을 듯 놀라 그 모습을 지켜보다가 자기도 모르게 문 옆에 놓인, 들어열개문을 고정시키는 긴 쇠로 만들어진 걸쇠를 잡는다.

그때, 창호문 너머로 서서히 사라지는 그림자. 그와 함께 기괴한 짐승의 소리도 멀어지며 서서히 정적이 찾아든다.

내가 꿈을 꾼 건가? 믿기지 않는 눈빛으로 창호문 밖을 바라보던 창. 주저하다가 살짝 문을 열어 문틈으로 밖을 바라본다.

아까와 똑같은 어두운 복도, 적막만이 감돌고 있다.

17   N, 강녕전 밖 복도

어두운 복도. 한 손에 걸쇠를 들고 천천히 나서는 창.

아무도 없는 복도지만, 저 멀리 복도 끝 어둠에 무엇이 도사리고 있는지 모른다. 가만히 어둠을 바라보다가 천천히 한 걸음 뒤로 물러서는 순간, 갑자기 반대편 어둠 속에서 들려오는 소리.

누군가 이쪽을 향해 빠르게 다가오는 듯 '삐걱' '삐걱' '삐걱' '삐걱' 소리가 점차 크게 들려오고 있다. 금세라도 모퉁이를 돌아 괴물이 나타날 듯하다.

긴장하는 눈빛, 걸쇠를 든 손에 힘이 들어간다.

점점 가까워오는 발걸음.

순간, 모서리를 돌아 나타나는 누군가를 향해 사정없이 걸쇠를 내리치는데..

내려쳐지는 걸쇠를 막는 손. 범일이다.

그 뒤에는 내금위의 군인들과 내시들.

범일   여기서 뭘 하고 계신 겁니까?

창, 범일을 보며 안도하지만, 여전히 남아 있는 공포.

창   복도에.. 괴이한 것이 있었다.

범일   (멈칫하지만 이내 기색을 감추고) 괴이한 것이라뇨.

창   짐승 같은 소리에.. 지독한 피비린내에 악취에.. 사람이 아니었다.. 괴물의 형상이었다.

범일   그럴 리가 있습니까. 강녕전에 괴물이라니요.
      헛것을 보신 게 아닙니까?
창   (차가워지는 눈빛) 지금, 내 말을 못 믿는 것이냐.
범일   며칠을 석고대죄하셨으니, 몸이 허해지실 만도 하십니다.
      동궁전으로 돌아가셔서 내의원의 진맥을 받아보시는 것이 좋을
      듯합니다.
      (뒤를 향해) 동궁전 궁인들에게 저하를 뫼시라 일러라.

      그 말에 내시 한 명, 뒤돌아 사라진다.
      자신의 말을 가벼이 여기는 범일의 모습을 점점 더 차가운 눈빛
      으로 바라보는 창.

창   ..아바마마는 찾았느냐.

      범일, 멈칫해서 창을 보는데, 눈빛에 처음으로 당황이 엿보인다.

범일   무슨 소릴 하시는 겁니까?
창   아까 분명히 그리 말하지 않았느냐. 전하께서 사라지셨다고..
범일   (당황한 기색을 감추며) 전하께서 사라지다뇨.
      전하께선 침전에 누워 계십니다.
창   (그런 범일을 보다가) 침전에 계신다.
      그렇다면 내 눈으로 직접 확인하면 될 일..

      창, 성큼성큼 왕의 침소를 향해 걷기 시작하고..

당황한 범일 일행, 그 뒤를 따른다.

18   N, 강녕전 왕의 침소 앞 복도

침소를 향해 빠르게 다가오는 창. 그런 창의 뒤를 빠르게 쫓아오
는 범일 일행.

범일   저하! 그만 돌아가십시오!

그러나 아랑곳하지 않고 침소를 향해 다가오는 창.

창   아바마마! 소자이옵니다!

침소 앞에 대기하던 궁녀들, 어찌 할 바를 몰라 서로 눈치만 보는
데..
창의 뒤를 쫓는 범일의 눈빛은 더욱 차갑게 굳는다.
바로 코앞으로 다가온 침소. 창, 궁녀들을 밀치며 문을 열려 하는
데, 스윽- 창 앞으로 날카로운 칼날이 들어선다.

범일   그만 돌아가십시오.
창   (분노로 차갑게 식은) 감히.. 지금 내 앞에서.. 칼을 빼든 것이냐.
범일   중전마마의 명이 계셨습니다. 왕실의 법도를 지키는 것입니다.
창   일개 금군별장이 왕족의 피를 감당할 수 있겠는가!

범일   (보는)

창   감당할 수 있다면, 베어라.

서로를 바라보는 두 사람의 시선, 허공에서 강하게 부딪치는데..
결국, 차마 치지 못하는 범일.
창, 칼날을 밀어내고는 범일을 스쳐 지나쳐, 침소의 문 앞에 선다.
드르륵 드디어 열리는 문. 천천히 어두운 방 안으로 들어가는 창.

19   N, 강녕전, 왕의 침실

씬 1 타이틀에 보인 것과 똑같은 흐릿한 불빛 아래 보이는 왕의 침
실로 들어서는 창. 그런데, 방 안의 누군가를 발견하고 눈빛이 굳
는다.
사방이 가로막혀 있던 발이 걷혀져 있는데, 자리 위는 텅 비어 있
고, 그 앞에 앉아 있는 누군가의 뒷모습. 조학주다.
예상치 못한 조학주의 모습에 멈칫해서 보던 창.

창   ...아바마마는 어디 계시오?

조학주 ...왜요.. 아바마마의 안위가 걱정되시는 겁니까?

창   강녕전에서 이상한 것을 보았소. 끔찍한 형상의 괴물이었소.

천천히 일어나 뒤를 도는 조학주. 창을 바라보는 눈빛이 형형하다.

조학주 ....나도 보았습니다.

창 (멈칫해 보는)

조학주 겉으론 아비에 대한 걱정으로 가득한 척하지만, 속으론 자신의 안위와 권세를 위해 그 아비가 죽기를 간절히 바라는 괴물 같은 아들을 보았습니다.

창 ......

조학주 그뿐입니까. 그 아들을 앞세워, 전하를 시해하고 이 나라를 손아귀에 넣으려는 사악한 생각만 가득한 괴물들을 보았습니다.
의금부 정청 뜰 앞에 그 괴물들이 흘린 피로 가득하지요.

창 (눈빛 떨려온다)

조학주 그 피가 봇물이 되면.. 아마도 역모의 정범이..
그들이 추대하려 했던 새로운 왕의 정체가 드러날 것입니다.
그때가 되면 일개 금군별장이라도.. 왕족의 피를 감당할 수 있게 되겠지요.

창, 조학주의 말에 눈빛이 부들부들 떨려온다.
그런 창의 뒤에 선 범일, 창을 바라보며 피식 미소 짓는다.

조학주 아무리 기다리셔도 전하께선 오지 않으실 겁니다.
병세가 가라앉아 중궁전으로 가셨거든요.

창을 지나쳐서 걸어가는 학주, 범일에게

조학주 범일아, 저하 모셔드려라.

범일   (아버지를 닮은 비릿한 미소) 예, 아버님.

서서히 멀어지는 조학주, 최대한 내색하려 하지 않지만, 조학주에
대한 두려움과 모멸감에 부들부들 떨리는 창.

20   **N, 동궁전 서가**

서가로 돌아오는 창.
마치 감시하듯, 호위를 서며 뒤에 서 있는 범일.
비웃는 듯한 눈빛으로 뒤에 선 내시와 상궁, 궁녀들에게

범일   저하가 오늘 많이 놀라신 듯하니, 기응환이라도 올려드려라.

빈정대는 듯한 범일의 말을 애써 참는 창.

범일   (비웃는 미소로) 소인은 그만 물러나겠습니다.

창 뒤로 문이 닫히고 비로소 홀로 남는 창.
일렁이는 촛불이 창의 얼굴을 더욱 일그러지게 만든다.
순간, 불어오는 바람 소리에 묻혀 환청처럼 국청에서 고문을 당하
는 유생들의 비명 소리가 들려온다.

-인서트

밤, 너울거리는 횃불 아래, 잔인한 고문을 받고 있는 유생들의 모습.
국청 바닥으로 흘러내리는 붉은 피.
한편에 고문을 이기지 못하고 죽은 유생들의 시신들.

-다시 서가로 돌아오면

환청처럼 들려오는 비명 소리가 괴로운 듯, 귀를 막고 눈을 감는 창.
귀를 막고 가만히 앉아 있는데 서서히 바람 소리 잦아들면서 그
사이로 들려오는 낮은 목소리.

무영(소리)   저하...

창, 천천히 고개 들어 문 쪽을 바라본다. 이제는 더욱 또렷이 들려
오는 목소리.

무영(소리)   저하... 좌익위입니다.
창   ..(가라앉은) 들라

그 소리에 문 열리면서 들어서는 무영. 영문을 모르겠다는 듯 혼
자 갸웃거리고 있다.

무영   동궁전에 무슨 일이라도 있었습니까? 다들 안색이 안 좋습니다.
       (하다 창을 보며) 저하께서도 안색이 좋지 않으십니다..
       혹시.. (사색이 되는) 벌써 제가 약방일기를 훔친 게 밝혀지기라도

한 겁니까?

창   (반색하며 일어나는, 낮은 목소리로) 구했느냐?

무영   하마터면 걸릴 뻔했지만, 가져왔습니다.

무영, 밖의 동정을 살피는 듯 보며 허리춤에서 약방일기를 꺼내
창에게 건넨다. 창, 다급히 한 장 두 장 넘기기 시작한다.

창   아바마마께서 쓰러지신 건 열흘 전, 지난달 그믐이다.

일기를 넘기던 창, 그 날짜에서 멈춘다.

창   (한 장 두 장 넘겨 읽어 내려가는) 오한, 발열, 두통, 과립.
화독탕을 연이어 올렸으나 여러 날 동안 낫지 않으시고, 열이 많
이 나는 것이 소두와는 차이가 있으니 증상이 심상치 않다.
백약이 무효하다..

다급히 훑어보며 뒷장으로 넘기는데 백지다.
더 이상 아무것도 적혀 있지 않다. 당황해서 더욱 뒤로 넘겨보지
만, 역시 마찬가지 백지일 뿐이다.

무영   왜 아무것도 적혀 있지 않은 것입니까?

창   이럴 리가 없다.. 약방일기는 하루도 빠짐없이 적어야 하는 것인
데.. 게다가 아바마마는 위독하신 상태였다. 갑자기 일기를 적지
않을 리가 없어.. (멈칫하는) 뭔가 숨길 것이 있어 일부러 적지 않았
다면 모를까...

눈빛 굳는 창의 모습 위로

-인서트
16신, 강녕전 방 안에서 봤던 괴기스러운 그림자의 모습.

-다시 현재, 동궁전 서가로 돌아오면 혼란스러운 창의 모습.

창   도대체... 아바마마께.. 강녕전에서 무슨 일이 벌어지고 있는 것
        이냐?

그때, 약방일기를 다시 한 번 둘러보던 무영.

무영   이승희 의원이 누굽니까?

창   (멈칫해서 보면) 이승희 의원이라면 8년 전 사임한 뒤, 고향인 동래
        로 낙향한 원임 어의다. 그자를 어찌 아느냐?

무영   (약방일기를 보며) 전하에 대해 적은 마지막 기록입니다.

창, 무영이 보던 부분을 보면 백지가 되기 바로 전 마지막 장 마지
막 줄에 남아 있는 한 줄.
'동래 지율헌의 원임 어의 이승희 의원이 부름을 받고 입궁하였다'.
그 마지막 줄을 의구심에 가득 찬 눈빛으로 바라보던 창. 천천히
입을 연다.

창   잠행을 나가야겠다.

무영	(놀라는) 자.. 잠행이요? 아니 됩니다. 중전마마께 또 무슨 변을 당하시려구요.

그런 무영을 바라보는 침착함을 되찾은 창의 눈빛.

창	..강녕전에 가지 말라 했지, 궐 밖으로 나가지 말란 얘긴 없었다.
무영	저하..
창	잠행을 준비하라. 너와 나, 단 둘이 갈 것이다.

21 D, 동래, 지율헌 외경

아침, 동래 인근 금정산 기슭에 위치한 지율헌. 우거진 나무들 사이, 기와로 지붕을 올린 솟을대문과 사람 키를 웃도는 높은 담장으로 둘러싸인 지율헌. 대문 아래에는 '지율헌'이란 편액.

22 D, 지율헌, 병사 안

연신 기침을 해대는 할아버지. 손 들 힘 하나 없어 보이는 사내아이 등등 초췌한 모습의 병자들이 주르르 누워 있는 병사 안. 식사 시간인 듯, 밥그릇을 들고 조금씩 마시고 있는 사람들, 그러나 다들 입맛이 없어 보인다.
그런 병자들 중 사내아이에게 숟가락으로 떠먹이고 있는 의녀 서

비, 옆자리에서 밥그릇을 먹다 말고 내려놓는 할아버지를 보고

서비   (눈빛은 걱정스럽지만, 말투는 밝게) 조금만 더 드세요. 그래야 빨리 건강해지시죠.

그런데, 가장 안쪽에서 들려오는, '탁' 그릇 내려놓는 소리.
보면 어디서 쥐어터진 듯 여기저기 생채기에 어깨 정도 붕대를 감고 있는 산전수전 다 겪은 듯한 영신이다.

영신   그제 두 명, 어제 한 명.. 이런 것만 먹여대니 병자들이 죽어나가지. 병 땜에 죽는 게 아니라 굶어 죽겠네.

그제야 보이는, 환자들이 먹고 있는 그릇 안의 음식, 칡뿌리를 넣고 끓인 듯한 맹물이다. 서비, 울컥하지만 다른 병자들 의식해 최대한 참는

서비   관아에서 곧 환곡미를 내려준다 했으니, 그때까지 좀만 참으세요.
영신   참이나 내려주시겠다. 그놈의 환곡미 기다리다가 하루에만 수십 명이 굶어 디지는 판이구만.

서비, 꾹 참는 얼굴로 영신에게 다가와 어깨에 감은 붕대를 거칠게 잡아당겨 묶기 시작하는데, 그 사이 영신의 어깨에 각인된 '虎'란 문신 얼핏 보인다.

영신   (붕대 잡아당겨 아픈) 아! 뭐하는 거야?

날랜 몸동작으로 서비의 손목을 낚아채는 영신.

서비   (손 억지로 빼며 낮은 소리로) 저거라도 먹지 않으면 저 사람들 더 위
        독해지니까 입 조심하세요.

서비, 다시 돌아가려는데

영신   그런데, 그 이승흰가 하는 의원은 언제 오는 거요?
서비   (멈칫해 보며) 그런데 왜 자꾸 이승희 의원님에 대해 묻는 건데요?
        3년 전 일은 모른다고 분명히 말했잖아요.
영신   그래서 이승희 의원은 언제 오냐고?
서비   (저 인간.. 얄밉다) 댁 상처는 주둥아리 닥치고 있으면 금방 아무니까
        그냥 돌아가시죠.

휙 돌아서는 서비.

23   **D, 지율현 부엌**

칡뿌리 몇 개만이 달랑 담겨 있는 가마솥 안.
서비, 한숨이 절로 나온다.

의녀1   여자와 아이들 중에도 위독한 병자가 많은데.. 진짜 큰일이다..

그때, 안으로 뛰어 들어오는 의녀 2.

의녀2   이승희 의원님이 돌아오셨어!

그 소리에 반색해서 뛰어나가는 서비와 의녀 1.

24   **D, 지율헌 외곽**

외곽으로 뛰어나오는 서비와 의녀들을 비롯한 지율헌의 하인들.
산길을 따라 말을 타고 올라오고 있는 이승희 의원을 보고 얼굴
이 밝아지며 뛰어나가는 서비.

서비   오셨어요!

그 소란을 들은 듯, 병사에서 나온 영신 사람들 틈에 끼어 다가오
는 이승희 의원을 바라보는데 이승희 의원 뒤쪽에 말이 끌고 오
는 물건을 보고 멈칫. 뛰어나오던 서비 역시 그 물건을 보고 낯빛
이 변한다.
수레에 실려오고 있는 물건은 시신을 담는 관이다.
서비를 비롯한 사람들, 놀란 얼굴로 관을 바라보는데...
지율헌 앞에 도착해 말에서 내리는 이승희 의원.

서비   저게.. 무엇입니까?

이승희   (굳은 무표정한) 장례를 준비해라.

서비   (놀라서 관을 바라보는) 예? 그게 무슨...

         도대체 누구의 장례를..

이승희 의원, 말없이 굳은 얼굴로 지율헌 안쪽으로 걸어 들어가고..
서비와 사람들, 놀라고 당황한 얼굴로 수레에 실린 관을 바라보다
가 천천히 다가와 관 뚜껑을 열어보는데, 놀라서 굳는다.
관 안에는 창백한 낯빛의 단이의 시신이다.
큰 관에 비해 마르고 작은 단이의 시신, 죽은 단이의 하얗고 해사
한 얼굴, 한쪽 뺨에는 보기에도 끔찍한 짐승에게 물린 흔적.
오른쪽 손가락과 손목 또한 무참히 물려 뜯겨 있다.
놀라서 그런 단이의 시신을 바라보는 서비와 사람들, 그리고 영신.

25   D, 지율헌 마당

휘적휘적 멍한 얼굴로 걸어 들어가는 이승희 의원을 쫓아오는 서비.

서비   도대체, 무슨 일이 있으셨던 겁니까? 예?
           도대체 한양에서 무슨 일이 있으셨길래 단이가 저리 처참한 모습
           으로 돌아온 겁니까? 말씀해주십시오.

이승희 의원   (가만히 자신의 앞을 가로막은 서비를 보다가) 아무.. 일도..
           아무 일도.... 없었다.

그 말과 함께 지율헌 안, 자신의 처소로 들어가는 이승희 의원.
그런 모습을 멀리서 가만히 바라보는 영신.

26   D, 한양, 강녕전 외경

27   D, 강녕전, 복도

복도로 들어서는 굳은 얼굴의 계비와 상궁, 궁녀들. 저 앞쪽을 보
면 왕의 침전 앞에 서 있는 내금위 군사들과 범일. 그런 범일에게
다가가는 계비.
범일도 계비를 향해 다가온다. 복도 중간쯤에서 마주치는 두 사람.

계비   (힐긋 상궁과 궁녀들을 보며) 물러가라.

상궁, 궁녀들 뒷걸음질로 물러가자

계비   (낮지만 매서운 말투로) 세자가 강녕전에 들었다면서요?
아랫것들 단속을 어찌 하시길래 세자가 그곳까지 드나든 것입니까.
행여라도 세자가 눈치챈다면 어찌 하시려구요.
범일   (여유 있는) 걱정 마십시오. 이제 모든 게 끝날 겁니다.

28   D, 대궐, 빈청

긴 탁자에 앉아 회의 중인 대신들. 좌의정이 서신을 읽고 있다.

좌의정   압송된 유생들 사이에 오간 서신이오.
전하를 폐위시키고 세자 저하를 새로운 왕으로 추대해
새로운 세상을 열겠다 적혀 있습니다.

우의정   이는 역모의 결정적인 증겁니다!

좌의정   당장 세자 저하를 의금부로 압송해 조사하는 것이 마땅합니다!

모두들 목소리에 힘을 주어 찬성 의견을 내는 대신들 중 꼿꼿하
게 앉아 있는 병조판서(남, 40대 후반) 그저 무표정한 얼굴로 말없
이 앉아있고..
그 맞은편에 앉은 대제학, 굳은 얼굴로 입을 연다.

대제학   그 서신은 어디서 어떻게 발견된 것입니까?

모두의 시선, 대제학에게 쏠린다.

좌의정   압송된 유생들 중 한 명의 집에 이 서신이 있다는 고변자가 있었소.

대제학   참으로 기특한 고변자입니다. 역모에 가담한 유생들 89명을 하나
같이 알고 있었고, 남몰래 오간 서신이 있는 곳까지 알고 있었다,
도대체 그자는 누구입니까?

그때, 상석에 앉아 있던 조학주, 천천히 입을 연다.

조학주   그것이 그리도 중요하오?

대제학   (조학주를 바라보다가) 압송된 유생들 89명 아무도 역모를 시인하지
         않았습니다. 그 고변자의 진술 하나만 믿고 이리 역모로 몰아가는
         것은 이 나라의 근간인 유림을 무시하는 처사로밖에 볼 수가 없
         소이다.

조학주   이 나라의 근간이 유림이라.. 그런 유림이 이 나라를 위해 한 일이
         무엇이 있소?

대제학   그 무슨 말씀이오!

조학주, 일어나 서신을 들고 대제학에게 다가가며

조학주   크나큰 전란이 이 땅을 휩쓸었을 때 왜 우리가 그리 무기력하게
         당했는지 아시오? 논어니 맹자니 입으로만 나불대면서 아무것도
         하지 않는 허약한 유림이 이 나라를 이끌었기 때문이오.
         지금도 마찬가지..

대제학, 기가 막힌 얼굴로 뭐라 하려는 순간,
조학주, '탕' 서신을 탁상 위에 내려놓으며 대제학의 머리를 잡아
그 위에 '쾅' 찍어 누른다... 충격에 바닥에 떨어지는 대제학의 협
각사모.
좌의정을 비롯한 다른 당상관들 놀라 일어서지만, 감히 뭐라 하지
못한다.

조학주   잘 안보이오? 더 잘 보이게 해드릴까?

대제학, 너무 놀라 강하게 "이게 무슨!" 반항하는데 눈 하나 깜박하지 않고, 더욱 거칠게 대제학의 머리를 더욱 찍어 누르는 조학주. 숨이 막혀오는 듯 컥컥거리는 대제학. 그러나 조학주는 아랑곳하지 않고 더욱 세게 찍어 누른다.

조학주   뭐라 적혔는지 이제는 보이시오? 이 나라의 하늘을 무너뜨리고! 질서를 어지럽히고! 혼란에 빠뜨려 망국의 길로 이끈다 적혀 있소! 이리도 끔찍한 글을 앞에 두고 이 나라를 받드는 조정의 대신으로서 무엇을 해야 할 것인가! 전란 때처럼 탁상에 앉아 시시비비만 가리고 있을 것인가!!

조학주, 그제야 대제학의 머리를 놓고 뒤로 돌아서서 밖을 향해

조학주   의금부 도사들은 뭣들 하고 있는 것이냐!!
당장 세자를 의금부로 압송하라!!

심하게 기침을 하며 거친 숨을 내쉬는 대제학. 좌의정과 우의정 등 대신들, 그저 헛기침하며 보고만 있는데, 병판 다가와 대제학을 살피며

병판   괜찮으십니까? 대감.

대제학   (숨을 고르며 노한 눈빛으로 조학주에게) 아무리 영상대감이라 하나 이

런 짓을 하고도 무사할 줄 아시오.

조학주, 천천히 뒤를 돌아 대제학에게 다가가 떨어진 협각사모를
들어 앞에 놓으며

조학주　궐 안에만 있는 세자가 어찌 유생들과 결탁할 수 있었을까요.
세자의 스승이자 성균관의 수장인 대제학 대감이 아니었다면 불
가능했을 겁니다..

대제학, 굳은 눈빛으로 조학주를 본다.

조학주　바람이 지나갈 때까지 가만히 계시란 말씀입니다.

떨리는 눈빛으로 조학주를 바라보는 대제학의 모습에서..

29　D, 동궁전 일각

-'쾅' 문 열리면서 뜰로 들어서는 범일과 의금부 도사들.
안 그래도 굳은 얼굴로 동궁전 앞에 모여 있는 동궁전 내시들과
궁인들.
그런 범일과 의금부 도사들을 떨리는 눈빛으로 바라본다.

범일　세자는?

궁인들, 사색이 되어 말을 떼지 못하는..

범일, 그런 궁인들의 기색을 보다가 감이 오는 듯 눈빛이 굳는다.

-'쾅!' 동궁전 서가 문을 열어젖히는 범일. 그러나 안은 텅 비어 있다.

동궁전, 다른 곳을 살핀 의금부 도사들, 그런 범일에게 다가와

도사1 어디에도 보이지 않습니다.

30   D, 한양성 밖, 움막촌

더러운 도랑물 사이, 허름한 움막들이 줄지어 있는 움막촌.

그런 움막촌들 중 한 움막 앞, 처음 보는 서민들의 삶에 굳은 눈으로 주변을 둘러보는 창, 역한 냄새가 참기 힘든 듯 손수건으로 코와 입을 살짝 막는데..

그 앞에는 무영이 사령과 얘기를 나누고 있다.

무영 내의원 사령 박가 종영이 맞는가?

사령 예, 그런데 세자익위사께서 무슨 일로 저를..

무영 동래에서 온 이승희 의원을 찾고 있네. 이번 달 초사흘 자네가 당직을 섰을 때, 입궁한 의원일세.

사령 성함은 모르겠으나 동래에서 오신 의원님께선 벌써 내려가셨습니다.

함께 온 종자가 위독하여 데리고 내려가신다 하셨습니다.

창, 그 말을 듣고 멈칫해서 무영에게 한걸음 다가와 낮은 목소리로 뭐라 얘기한다. 무영, 그 얘기를 다 듣고 옮기는

무영   함께 온 종자가 왜 위독해진 것이냐? 두창에 걸린 것이냐?

사령   저 같은 무지랭이가 제대로 알진 못하지만, 병은 아니었습니다. 여기저기 큰 상처가 있었습니다. 꼭.. 무슨 큰 짐승한테 물린 것 같은..

사령의 얘기를 들은 창의 눈빛, 굳어진다.

31   D, 동궁전 뜰

뜰 가운데 집합한 내시와 상궁들을 향해 성큼성큼 다가가는 범일.

범일   세자는 어딨느냐.

동궁전 내시   ..저희는 모릅니다.

다가서는 기세로 그대로 칼을 휘두르는 범일.
바닥에 툭 떨어지는, 반으로 갈라진 사모와 상투.
상궁들과 궁녀들 놀라서 보면 동궁전 내시, 상투가 잘리고 봉두난발이 되어 부들부들 떨고 있다.

범일	다시 한 번 똑같은 대답을 하면 이번엔 목이 날아갈 것이다.
	..세자는 어딨느냐.

충격을 받은 얼굴로 부들부들 떨고만 있는 내시, 말을 못하는데..
주변에 있던 궁인들 중, 상궁 한 명 겁에 질린 얼굴로 다급히

상궁	소인들은 정말 모릅니다. 아까부터 저희도 계속 찾았지만
	동궁전, 그 어디에도 계시지 않았습니다.
	직접 보시지 않으셨습니까?

겁에 질려 떠는 궁인들을 차갑게 보던 범일, 의금부 도사들을 보며

범일	세자를 찾아라!
	궐 안이건 한양성이건 샅샅이 뒤져서 의금부로 끌고 오라!
	세자는 이제 이 나라의 국본이 아니라 역모를 꾸민 대역 죄인이다!

칼을 거두고 돌아서던 범일,
뭔가 잊은 듯 되돌아가더니 동궁전 내시를 베어버린다.
피를 흘리며 쓰러지는 내시.

32   D, 한양성 밖, 길 일각

한양성으로 향하는 들길 일각.

말 위에 올라탄 무영, 앞서고 있는데, 뒤쪽에서 역시 말을 몰던
창, 문득 멈춰 선다.

무영   (그런 창을 보며) 서두르십시오. 저하께서 사라진 게 들키기 전에 어
        서 궁으로 돌아가셔야 합니다.

        창, 대답 없이 시원스럽게 펼쳐진 남쪽 들판을 바라보다가

창   저쪽이 남쪽이니.. 저 길의 끝에는 동래가 있겠구나.
무영   ....?
창   난 알아야겠다. 아바마마에게, 이 나라의 왕실에 무슨 일이 벌어
        졌는지..
무영   무슨 말씀입니까?
창   ...동래로 가야겠다.
무영   도...동래를요?...지금요? ..수발 들 내시도 궁녀도 없이 달랑..
        저 한 명 데리고요? 아니 됩니다.
창   갈 것이다.
무영   한양에서 동래까지 얼마나 먼 길인지 아십니까?
        궁궐에서 여기까지 오시면서 시궁창 냄새에 뒷간 냄새에 몇 번이
        나 구역질을 하셨습니까. 그런데 동래까지 구백리 길을, 그 고된
        길을 어찌 가시겠다는 겁니까?
창   지금까지 살아온 것이 그보다 고되었다.
무영   냄새뿐입니까. 진지는 어쩌시려구요. 궐 안에서 드시던 산해진미
        는 구경도 못하실 겁니다.

61

창	상관없다.
무영	산적이나 폭도들을 만날 수도 있습니다. 그들 손에 죽을 수도 있사옵니다.
창	...(눈빛 가라앉는) 여기 남는다 해도 죽을 것이다.
무영	역모 말씀이십니까? 아무리 해원 조씨라 해도 저하께서 하지도 않은 역모로 저하를 어찌할 순 없을 겁니다.

창, 그런 무영을 바라보다가..

창	내가 했다.
무영	(못 듣고) 그랬다간 전국의 모든 유생들이 들고 일어날 텐데요.. (하다가) 네? 뭐라.. 하셨습니까?
창	..내가.. 했다. 내가.. 역모를.. 꿈꿨다..

무영, 소스라치게 놀라는 얼굴.

33   **N, 과거, 서가/창의 회상**

황촛불만이 켜져 있는 어두운 서가. 책상 위에 홀로 앉아 있는 창.
책상 위에 펼쳐진 종이를 떨리는 눈빛으로 바라보고 있다.
유생들 89명의 이름이 빼곡히 적힌 연판장이다.
두려운 듯 흔들리는 촛불 아래 보이는 이름들 하나하나를 바라보다가..

결심한 듯, 붓을 든다.

그리고 연판장의 비어 있는 부분에 천천히 글을 적기 시작한다.

'李蒼' 두 글자다.

34   D, 현재, 한양성 밖 길 일각

믿기지 않는 눈빛으로 창을 바라보는 무영.

무영   ...어찌.. 어찌.. 가만히 계셔도 왕이 되셨을 텐데.. 일국의 세자 저하
       가 아니십니까.

창   ..(쓴웃음) 세자.. 그래. 난 이 나라의 세자다.
       아버지의 하나뿐인 아들이지만.. 적통인 계비가 아들을 낳으면 죽
       을 수밖에 없는 후궁의 몸에서 태어난 반쪽짜리 세자다..

무영   (보는)

창   그래서 그리 하였다. 살고 싶어서.. 살려면 왕이 돼야만 했다.

무영   하지만..

창   ..지금도 마찬가지다. 의금부에서 날 보호하기 위해 많은 유생들
       이 죽어가고 있다.

       -인서트
       -의금부 국문장, 모진 고문을 당하고 있는 유생들.
       -대제학의 방. 이마에서 피를 흘리며 홀로 앉아 있는 대제학.
       부들부들 떨리는 손으로 책상 위에 가지런히 올려 있는 벼루 뒤

쪽에 숨겨진 공간 안에 숨겨놓은 종이를 천천히 꺼낸다.
창의 이름이 적힌 연판장. 괴롭고 힘든 떨리는 눈빛으로 연판장을
바라보는..

-다시 한양성 밖 길로 돌아오면
무영을 보다가 다시 고개를 돌려 동래를 바라보는 창.

창   그들을 살리고 나도 살 수 있는 길은 남쪽 동래에 있다.
그러니 가야만 한다. 이대로 힘없이 죽기 전에..
동래 지율헌으로 가서 이승희 의원을 만나 아바마마께 무슨 일이
생겼는지 알아내야만 한다.

남쪽을 바라보는 창의 모습에서..

35   D, 빈청

빈청 바닥에 피떡이 되어 쓰러져 있는 사령 박 씨.
그 옆엔 바들바들 떨고 있는 어의. 그 옆엔 범일과 조학주.

어의   워낙 아랫것이라.. 신경도 쓰지 않고 있었는데..
(엎드리며) 주...죽을죄를 지었습니다.

조학주, 그런 어의는 눈에도 들어오지 않는 듯 차가운 눈빛으로

자신의 손에 들린 작은 종이를 바라보고 있다.

범일　분명.. 세자는 이승희 의원을 찾아 동래로 간 것입니다.

그때 제가 말씀드리지 않았습니까. 이승희 의원을 죽여 입을 막았

어야 했습니다.

조학주　...이승희 의원은 아직은 우리에게 필요한 사람이다.

하지만.. 세자는 아니지.

36　　D, 몽타주

-낮, 산길 일각.

빠르게 달리고 있는 말발굽. 산길을 타고 빠르게 내려가고 있는

창과 무영의 모습.

-낮, 대궐 앞.

대궐 문이 열리고 말에 올라탄 채 질풍처럼 달려 나오는 범일과

의금부 도사들 열 명 정도의 모습. 빠르게 한양 거리를 질주하기

시작한다. 그런 모습 위로

조학주(소리)　파발을 띄워도 세자보다 늦을 것이다. 너희가 직접 가서 세자

를 막아야만 한다. 날랜 기병 열기가 먼저 선발대로 출발하고

-낮, 대궐 인근 연무장.

오십 명의 정예부대가 도열해 있다.

조총을 든 포병과 검을 든 살수들, 죽궁을 든 궁수들.
가장 앞에는 내금위장 도진이 서 있고, 도열한 도진을 비롯한 부
대들을 바라보고 있는 조학주의 모습.

조학주(소리) 금군의 정예부대 오십이 그 뒤를 따른다.

-저녁, 들판 일각.
동래로 향해 빠르게 내려가고 있는 창과 무영의 모습 위로

조학주(소리) 동래에 가기 전에.. 지율헌에 가기 전에..
반드시 막아야만 한다. 세자를 죽이는 한이 있더라도..

말을 타고 달리고 있는 창과 무영의 모습에서.

37   D, 금정산 일각

텅 빈 바구니를 들고 산을 뒤지며 먹을 것들을 찾고 있는 서비.
그러나 그 어디에도 먹을 것이 보이지 않는다.

서비   이젠 칡뿌리도 안 보이네..(한숨)

아까부터 멍한 얼굴로 앉아 있던 의녀 1,

의녀1 ...(겁먹은 눈빛으로) 자꾸 생각나.. 단이.. 그 이상한 상처들..

서비 (보는)

의녀1 우리도... 다 죽을 거야... (눈물이 터지는) 아무리 산을 뒤져봐도 먹을
       거라곤 없어... 우리도 병자도 다 굶어서 죽을 거라구.

       그런 의녀 1을 보며 역시 기운이 빠지지만 기운 내보려는 서비.

서비 가자. 어제 좀 남은 칡뿌리가 있을 거야.

38   D, 지율헌 근처

       뉘엿뉘엿 해가 지기 시작하는 지율헌 일각.
       지율헌으로 힘없이 다가서는 서비와 의녀 1, 순간 멈칫한다.
       보면 부엌 방향 굴뚝에서 올라오고 있는 하얀 연기..

의녀1 어? 굴뚝에서 연기가.. 뭐지?

39   D, 지율헌 병사/마당

       서비와 의녀 1, 서둘러 들어서면..
       마당엔 병자들이 뽀얀 국물이 담긴 국통 앞에 모여, 또는 저마다
       국그릇을 들고 허겁지겁 먹어대고 있다.

미친 듯이 들이켜기도, 국물에 담긴 고깃살을 뜯기도..
모두들 고깃국만찬에 정신이 없다.
느닷없는 음식에 의아해하던 서비, 부엌으로 향한다.

40   D, 지율헌 부엌

커다란 가마솥에 고깃국을 끓이고 있는 영신.

서비   이거 뭐예요?
영신   눈이 없나.. 보면 몰라?
       환자들은 굶어 죽어가는데 의원이란 작자는 방구석에만 틀어박
       혀 있으니 나라도 살자 싶어 사슴 한 마리 잡아왔다 왜?
서비   (말도 안 된다는) 사슴이요? 지금, 산속에 사슴이 남아있었다구요?
       관에 허락은 받았어요?
영신   왜, 죽는 것도 관의 허락 받아 죽지. 어떻게 이 바닥은 먹을 껄 갖
       구 와도 난리야. 저리 비켜.

국그릇이 가득 담긴 커다란 쟁반을 들고 나가는 영신.

41   D, 지율헌 병사/마당

영신, 힘없이 누워 있던 사람들에게 고깃국을 직접 날라주면..

의녀 1은 아이 옆에 앉아 호호 불어가며 떠먹이고 힘이 남아 있던 사람들은 뜨거운 줄도 모르고 고기를 집어 들고 게걸스럽게 먹어댄다.

작은 고기살점에도 너무나 행복해하는 사람들.

모처럼의 고깃국이 지쳐가던 지율헌에 생기를 불어넣고 있다.

서비, 여전히 믿기지 않는 장면들을 지켜보는데,

병자1   (빈 그릇을 내밀며) 의녀님, 죄송한데 조금만 더 주실 순 없을까요?
         애 엄마가 젖을 먹여야 하는데 젖이 잘 안..

그 옆에는 아내인 듯한 아낙이 아이에게 빈 젖을 물리고 있다.

서비   아, 예.

빈 그릇을 받아들고 안으로 들어가는 서비.

42   **D, 지율헌 부엌**

아궁이 위에 올려진 커다란 가마솥 뚜껑을 열면, 고기는 거의 다 퍼준 듯, 허연 국물만이 남아 있다.

서비   도대체.. 어디선 난 거지?

오랜만에 맡아보는 강렬한 고깃국 냄새에 잠시 취한 서비.

커다란 국자로 휘휘 저어 국물을 뜨는데 침이 절로 솟구친다.

슬쩍 국자에 담긴 국물 맛을 보려는데..

국물 사이로 솟았다 사라지는 살점 하나.

순간 움찔하는 서비. 뭐지? 의아한 생각에 국물을 쪼르륵- 따라 내면..

서서히 드러나는 희멀건 살점들..

손가락들이 처참히 뜯겨나간.. 단이의 손이다!

으악! 화들짝 놀라 떨어뜨리면, 바닥에 나뒹구는 허연 살점들.

43   D, 지율헌 마당

쾅, 부엌에서 뛰어나오는 서비. 충격에 부들부들 떨리는 눈빛으로 영신에게 다가와 거칠게 일으켜 세운다.

영신 지금, 뭐하는 거야!
서비 당신이야말로..

하다가 그 소리에 뭐지? 놀란 얼굴로 바라보는 사람들을 보고는 영신을 잡아채듯 거칠게 끌고 약재창고로 향한다.

44   D, 약재창고 안

사방이 두꺼운 나무 벽으로 가로막히고 위쪽에 작은 창 정도 나 있는 약재창고. 작은 창문 너머 지고 있는 노을빛이 비치는 약재 창고 문을 쾅 열며 안으로 영신을 끌고 들어오는 서비, 문을 닫자마자 영신의 가슴팍을 밀어버리자 순간 균형을 잃고 벽으로 밀리는 영신.

서비   당신, 어떻게 그럴 수 있어! 어떻게!

영신   도대체 무슨 얘기야!

서비   봤어! 다 봤다구! 어떻게 사람을.. 어떻게..
       그 애는 우리 지율헌 식구였는데.. 그 아이를.. 어떻게..

영신   (그런 서비를 보는데 눈빛 점차 어둡고 차가워진다) 식구건 어린애건 죽
       은 후에는 그저 고기일 뿐이지.

서비   당신.. 미쳤어? 그 애는 우리랑 똑같은 사람이었다구!
       어떻게 사람이 사람을 먹어!

영신   (눈빛 위험해지는) 그래서? 다 함께 굶어 죽자? 예의니 법도니 따져
       가면서? 그런 생각으로 살았다면, 동래성 사람들 벌써 다 굶어죽
       었어.

서비   (멈칫하는) ..그게 무슨 소리야?

영신   저 밑에 사람들이 어떻게 살아남았을 것 같아. 그 사람들을 나라
       님이 살렸을 것 같아? 아니.. 그 사람들을 살린 건, 배고픔에 시달
       리다 죽은 이웃들의 살과 뼈야.

서비   (믿기지 않는) 마..말도 안 돼.. 어떻게..

영신   그쪽은 그쪽 방식대로 살아.

난 어떻게든 살아남는 쪽을 선택할 테니까..

서비, 기가 막힌 듯 영신을 바라본다. 그런 두 사람을 비추던 가느다란 햇살, 창문 너머로 사라지면서 어둠이 찾아온다.

45   **D, 지율헌 병사 안**

노을이 내리고 있는 병사 안.

의녀 1이 먹여주는 국물을 모두 받아먹고, 겨우 정신을 차린 듯한 사내아이. 의녀 1이 머리를 쓰다듬자 처음으로 맑은 미소를 지어 보이는가 싶더니..

갑자기 눈동자가 뒤로 넘어가며 온몸을 부르르 떨기 시작한다.

의녀1   종구야, 종구야, 왜 이래? 종구야!

의녀 1, 사내아이의 뒤틀리는 몸을 잡으며 진정시키려는데 병사 안 곳곳에서 쨍그렁 그릇 떨어지는 소리와 함께 국물을 먹은 환자들, 모두 비슷한 증상을 보인다.

의녀 1, 당황하는데.. 잔뜩 힘이 들어갔던 사내아이가 경련을 멈추더니 축 늘어진다.

사내아이의 상태를 확인하는 의녀 1, 떨리는 눈빛.

사내아이의 갑작스런 죽음에 어쩔 줄 몰라 하는데..

다른 병자들 역시 경련을 일으키다가 하나둘씩 축 늘어지기 시작한다. 겁에 질린 의녀 1.

의녀1 종의원님! 의원님! 여기 좀 와보세요! 여기 누구 없어요?

도미노처럼 남은 이들도 모두 움직임이 사라진다.
..모두들 죽었다.

46   **D, 이승희 방 안**

어둑한 방에서 미친 사람의 모습으로 서적을 들추던 이승희,
의녀 1의 고함을 들은 듯 서서히 고개를 든다.

47   **N, 지율헌, 병사 안**

빛이 사라지면서 어둠이 내려앉는 병사 안.
겁에 질린 의녀 1의 숨소리만이 감도는 방 안에 갑자기 들썩거리는 둔탁한 소음이 들리기 시작한다.
사람들을 부르러 나가려던 의녀 1, 보면..
죽은 줄 알았던 한 남자의 몸뚱이가 비틀리듯 움직이고 있다.
황급히 다가가는 의녀 1.

의녀1   아저씨! 괜찮아요?! 아저씨.

마치 간질병처럼 몸이 뒤틀리자, 혀가 물리는 것을 막으려 다급히
헝겊을 말아 병자의 입을 벌려 넣으려는데 그 힘이 여의치 않다.

의녀1   아저씨, 정신차려요. 아저씨.

병자의 입에 손을 넣어가며 간신히 이빨 사이에 헝겊을 물리는
의녀 1.
거친 숨을 고르며, 병자의 몸을 누르고 있는데..
그사이 깨어난 사내아이가 기묘한 몸짓으로 상체를 일으킨다.
인기척을 느낀 의녀 1, 돌아보는데..
어느새 의녀 1 얼굴에 닿을 듯 다가온 사내아이의 얼굴...

48   N, 약재창고 안

영신   더 할 말 있어?

영신, 더 이상 말을 못 잇는 서비를 밀치는데..
순간 밖에서 들려오는 찢어지는 비명 소리.
의아한 시선으로 멈칫하는 두 사람.

49   N, 지율헌, 병사 안

어둠 속, 공포에 질린 의녀 1의 눈빛. 눈가에서 한 줄기 눈물이 뚝 흘러내린다. 그런 의녀의 얼굴 위로 서서히 들려오는 짐승들의 낮은 울음 소리와 함께 화면 빠지면, 얼굴만 드러난 의녀의 몸에 몰려 인육을 탐하고 있는 괴물들의 모습.

50   N, 약재창고 안

창고 안, 비명 소리에 놀라 문 쪽을 바라보는 영신과 서비.
또 다시 "크르르" 하는 짐승의 포효 소리와 함께 이어지는 사람들의 비명 소리. 도대체 뭐지? 문을 향해 달려가는 서비와 영신.
순간, 밖에서 뭔가가 돌진한 듯 "쿵" 둔탁한 충돌음.
놀라서 멈추는 서비. 순간 문 아래를 통해 붉은 피가 창고 안으로 흘러들어오기 시작한다. 놀라서 그런 모습을 바라보는 영신과 서비.

51   N, 지율헌 외경

어둠에 휩싸인 지율헌의 모습. 그 위로 점차 커져가는 "크르르르" 흥분한 짐승들의 소리와 둔탁한 충격음들, 비명 소리들.
그런 지율헌에서 서서히 멀어지는 화면에서 암전.

KINGDOM

킹덤

2
부

KINGDOM

킹덤

1   N, 야산

깊숙한 산속, 모닥불 앞에 앉아 있는 세자.

흙먼지가 가득한 신발, 때 묻은 옷깃 등, 며칠 동안 제대로 잠도 못 자고 달려온 듯 꽤나 초췌한 얼굴로 육포 하나를 뜯어 먹고 있다.

땔감을 구해온 무영, 세자 주위로 모닥불 하나를 더 만드는데..

육포를 뜯다가 울컥하는 듯 육포를 모닥불에 집어던져버리는 창.

무영   왜 멀쩡한 것을 버리십니까?

창   몇 날 며칠 이것만 먹었더니 지겨워서 쳐다보기도 싫다.

무영   그러게, 그런 무서운 일은 왜 하셨습니까. 간이 진짜 배 밖으로 나 오셨지. 어떻게 그런 큰일을.. 그 덕에 이게 무슨 생고생입니까.

창   나 혼자 살자고 이러는 게 아니다. 내가 역모로 폐세자가 되면 익위사들이라고 무사하겠느냐. 삼족을 멸할 텐데 네 어진 마누라도 살아남지 못할 것이다.

무영   그러니까요. 왜 그딴 일을 저지르셨냐고요.

창   그놈, 참 말 더럽게 많구나.

무영   저하같이 고귀한 분이 더럽게라뇨. 어디서 그런 말씀은 배워가지고..

창   누구한테 배웠겠느냐. 내 주변에 그딴 말주변을 가진 건 너뿐이다.

무영   예, 참으로 하나를 가르치면 열을 아십니다.

창   말을 받아주니 끝이 없구나.
    한마디만 더 하면 삼족을 멸할 것이다.

순간 얼어붙는 무영의 얼굴.

창   농이다. 기분 풀거라.

무영   (황당하다) 참 농 한번 살벌하게 치십니다.

창   (황당해하는 무영의 얼굴에 풋 웃음이 터지는)
    세자 익위사나 되는 놈이 그리 겁이 많아 어디에 쓰겠느냐.

황당해하는 무영, 하지만 세자는 그런 모습이 웃긴 듯 실소를 터뜨린다.

무영   (여전히 기가 막힌) 이게 웃기십니까? 어느 곳이 웃기십니까?
    그런 무영의 모습에 계속 웃음을 짓는 세자. 궁 안에서는 보지 못했던 웃음이 이제야 입가에 지어진다.

2   D, 동래, 금정산 일각

이른 아침, 우거진 나뭇잎들 사이로 드문드문 들어서는 햇살 사이 들려오는 거친 숨소리. 고된 얼굴로 말에 얹혀 산길을 오르는 두 사람.

창   이 길이.. 지율헌으로 가는 길은 맞는 것이냐?

무영   이 산이 금정산이라니 여기 어딘가는 있을 것입니다.

창   그 소리만 몇 번째냐. 앞으로 한 식경까지 나오지 않는다면 내 너의 삼족을 멸할 것이다.

무영   ..저하, 그런 끔찍한 농이 진짜 재밌으십니까?

창   난 재밌구나.

무영   (한숨) 저하께서 즐거우시다면 저의 가문을 계속 멸하시던가요. 그 대신 살아난다면 기장미역 하나만 하사해주시지요.
산모에게 그보다 더한 것이 없다 하지 않습니까. 뭐, 하시는 김에 소고기 한 근도 함께 내려주시면 더할 나위 없고요.

무영의 말을 들으며 산을 오르던 창, 문득 이상한 듯 고개 들며

창   이상하지 않느냐.

무영   (울컥) 산달이 코앞인 집사람을 홀로 두고 왔는데, 그 정도는 주셔야죠.

창   그 말이 아니다.

무영   (그런 창을 의아한 시선으로 보는데)

창   갑자기 새소리가 들리지 않는다.

무영, 그 소리에 주변을 둘러보면 낮이지만, 나무 그림자로 어두운 산길. 스치는 스산한 바람 소리 외에는 아무것도 들리지 않고 적막만이 흐를 뿐이다. 왠지 나무도 땅도 찌를 듯 솟은 나무 사이로 보이는 하늘도 갑자기 어두워진 느낌이다.
서서히 긴장되는 눈빛으로 주변을 둘러보는 창과 무영의 시선으로 빠르게 팬되는 화면들. 나뭇잎들 사이에서 뭔가가 금방이라도 튀어나올 듯하다.
그때, 그런 무영의 시선, 어딘가에 멈춘다.
저 멀리 나무들 사이로 언뜻 보이는 건물 지붕.

무영   저기.. 인가가 있습니다.

창, 무영의 시선 좇아 거뭇거뭇한 나뭇잎들 사이로 보이는 지붕을 바라본다.

3   **D, 지율헌 건물 앞**

천천히 굳은 얼굴로 지율헌을 올려다보며 다가와서 서는 창과 무영의 모습에서 서서히 화면 지율헌을 비추면..
솟을대문 아래 붙어 있는 '지율헌'이란 편액.

무영   잘 찾아온 것 같긴 한데.. 의원치곤 좀 이상합니다.

지율헌 건물을 훑어보는 무영과 창의 시선으로 보이는 건물의 모습.
인기척 하나 느껴지지 않는 을씨년스럽기만 한 지율헌.
대문이 굳게 닫혀 있고, 대문 앞에는 당분간 진료를 보지 않는 듯
'不在'라는 글귀가 붙여져 있다.
높은 담장에는 그 전에는 보이지 않던, 피 묻고 뾰족하게 벼린 나
무말뚝과 날카로운 농기구 날 등이 흉물스럽게 꽂혀 있고, 솟을대
문은 안에서 굳게 닫혀 있다.

창   저 말뚝 위에 묻은 검붉은 게.. 무엇이냐..
저것은.. 피가 아니냐?

무영, 대답 없이 나무 말뚝과 건물을 다시 한 번 보다가 긴장된 어
투로

무영   잠시 여기 계십시오.

하고는 대문 쪽으로 다가간다.
문을 밀어보지만, 안에서 잠긴 듯 꿈쩍도 하지 않는다.
무영, 그런 문 안쪽에 귀를 기울여보지만, 인기척 하나 느껴지지
않는다.

무영   (더욱 불길한 느낌에 눈빛 굳으며) 제가 먼저 들어가 보겠습니다.

저하께서는 여기서 기다리십시오.

무영, 담을 바라보다가 날렵한 몸짓으로 담벼락을 타고, 담 너머
로 사라진다. 창, 그런 담 쪽을 바라보는데 아무 소리가 들려오지
않는다.
창, 그런 담장 안쪽을 바라보는데.. 다시 한 번 불어오는 스산한 바람.
천천히 뒤를 돌아본다. 위압적으로 솟은 나무들. 다시 지붕 위를
바라보면 피가 묻은 나무 말뚝과 농기구들. 순간 오싹해진다.

창   ...(담장 너머를 향해) 좌익위! 게 있느냐?

그러나 담 안은 조용하기만 하다.

창   (대답이 없자, 더욱 큰 소리로) 무슨 일이라도 있느냐?

하지만 여전히 조용하기만 하다.

창   무영아!... 무영아!

하지만 기척이 없자, 맘이 급해진 창, 체면이고 나발이고 담을 넘
기 시작한다.

4   D, 지율헌 안

담을 넘어 내려서는 창. 저 앞쪽을 보면 뭔가를 충격에 빠진 듯 바라보고 있는 무영.

창   도대체 뭘 하고 있는 것이냐..

하다가 무영의 시선을 좇아가는데 역시 충격으로 얼어붙는 창.
문짝들은 모두 뜯겨져 나가거나 모서리 경첩 한쪽만 간신히 붙어 덜렁이고 있고, 마당 곳곳에는 약탕기, 사발, 나무소반 등 온갖 집기들이 나동그라져 있다. 또한 담장 안쪽, 마루 위, 섬돌 위, 마당, 방 안, 문짝 할 것 없이
지율헌 내부 곳곳에 검붉게 말라비틀어진 핏자국들이 낭자한데, 족히 수십 명이 흘렸을 것으로 보이는 어마어마한 양의 핏자국들이다.

창   ...도대체.. 이게...
무영   ...아무래도 여기 있는 사람들에게 큰일이 벌어진 것 같습니다.
         죽거나.. 다치거나..

창, 떨리는 시선으로 주변을 둘러보다가

창   ...이승희 의원은?
무영   저하..

창   예까지 어찌 왔는데.. 어찌 왔는데..
      이승희 의원을 찾아야 한다.

      창, 답답하고 혼란스런 시선으로 주변을 둘러보며 안으로 걸어가
      자..

무영   저하, 위험하옵니다. 저에게서 떨어지지 마십시오.
창   아무도 없느냐! 이승희 의원을 찾아왔다.
      여기 아무도 없느냐!

      하지만 핏자국들뿐, 아무도 보이지 않는 적막한 지율헌 안.
      '아무도 없는 게냐!' 외치던 창, 턱을 보지 못하고 걸려 넘어진다.
      뒤에서 따라오던 무영, 놀라서 그런 창에게 달려가는

무영   저하, 괜찮으십니까? 어디 다치진 않으셨습니까?

      하는데, 창의 시선, 무영이 아니라 건물의 대청마루 밑에 고정돼
      있다.

창   저... 저것.. 저것이 무엇이냐.

      무영, 뭐지? 창의 시선을 좇아 뒤를 돌아보면 어둠에 휩싸인 대청
      마루 밑. 희미하게 보이는 희끄무레한 물체.
      사람의 손이다. 놀라는 무영. 도대체 저게 뭐지? 보는데 손에서 따

87

라 올라가면 또 다른 손들이 엉켜 있다. 그 너머 잿빛 암흑 속 대청
마루 틈 사이로 한 줄기 두 줄기 스며드는 실낱같은 햇살에 떠다니
는 밀알 같은 먼지 속, 안력을 돋우어보면 손의 주인들인 듯한 사
람들의 머리가 아무렇게나 포개져 있다. 더욱 자세히 보면 관절이
기묘하게 꺾여 엉켜 있는 수십 구의 시체들이 구겨지듯 넣어져 있
다. 그런 모습을 충격에 잠겨 바라보는 창과 무영의 모습에서.

5   **D, 지율헌 건물 밖**

어느새 문이 활짝 열려 있는 지율헌. 밖에는 관아에서 출동한 군
관들이 타고 온 듯한 말들과 경비를 서고 있는 긴장하고 겁먹은
얼굴의 군졸들.
그런데, 열린 문 너머에서 군졸 한 명이 창백한 낯빛으로 뛰어나
와 토하기 시작하고.. 그 뒤를 이어 몇 명의 군졸들 역시 뛰어나와
신물을 게워낸다.

6   **D, 지율헌**

어느새 대청마루 밑에 구겨져 있던 시신들을 꺼낸 듯, 넓은 마당
에 가득 차 있는 시신들. 시신들마다 크고 작은 물린 상처들로 참
혹하기 그지없다. 시신들 중에는 의녀 1, 죽어가던 사내아이, 어린
젖먹이 등도 보이는데..

군은 얼굴로 그런 광경을 지켜보는 무영과 창, 그 옆에서 무영의 호패를 확인하고 있는 지휘관으로 보이는 군관 1, 무영에게 정중하게 호패를 건네주며

군관1   한양의 높은 무관께서 예까진 무슨 일로 오신 겁니까?

무영   (창과 한번 시선 마주치고는) 이승희 의원이 용하다 하여 내 아우 진맥을 받으러 왔네.

군관 1, 창을 보는데 시선을 피하는 창.

무영   겉으론 멀쩡해 보여도 상태가 꽤 좋지 않네.

창   (심하게 기침하는)

무영   다급히 오느라 호패를 챙기지 못했으니 이해해주게.

군관1   (보다가) 알겠습니다. 여기 도착하셨을 때, 다른 수상한 사람은 보지 못하셨습니까?

무영   시신들 외엔 아무도 없었네.

그때, 군관 1에게 다가와 보고하는 군졸 1.

군졸1   각 건물 대청마루 밑에 숨겨놓은 시신들을 모두 찾았습니다. 모두 하여 48구입니다.

군관1   시신들을 수레에 싣고, 관아로 이동하라.

군졸들을 지휘하러 멀어지는 군관 1.

창의 시선은 마당에 내어놓은 시신들에게서 떠나지 않으며

창   시신이 없다..

무영 예?

창   이승희 의원의 시신이 없어. 아직 살아 있는 거다.

      이승희 의원을 찾아야 해.

7   D, 동래 관아

풍악이 울리고 있는 관아 경내.
대청, 너른 상 위에는 산더미처럼 쌓인 산해진미들, 화려한 옷차림의 기생들. 기분 좋게 술이 취한 신임부사 범팔(남, 30대 중반)을 비롯한 아전들과 양반들. 아전들 중 이방, 술잔을 들며

이방 새로 부임하신 해원 조씨 가문의 조범팔 부사님을 위해 한잔 드십시다!

홍청망청, 술잔을 들며 먹고 마시는 사람들. 술 취한 양반들 중 50대의 원임 병마절도사, 일어서다 잘못 짚어 상이 엎어지고, 바닥에 뒹구는 기름진 음식들.
순간, '쾅' 문 열리며 사색이 된 얼굴로 뛰어 들어오는 아전 1.

아전1 크... 큰일 났습니다.

8   D, 동래 관아 동헌

이방과 함께 얼큰하게 취한 흐트러진 모습으로 동헌으로 들어서는 범팔.
눈앞에 펼쳐진 광경에 놀라서 멈춰 선다.
동헌 앞마당을 가득 채운 거적으로 덮인 시신들의 모습.
동헌으로 들어오진 못하고 문가에 서서 엎드려 통곡하고 있는 유가족들.

범팔   이.. 이게 다 무엇이냐.

범팔에게 다가와 보고를 하는 군관 1.

군관1   금정산 중턱에 위치한 지율헌 건물 안에서 발견된 시신들입니다. 모두 지율헌에서 치료를 받는 병자들과 기거하던 하인들과 의녀들이었고 외인은 없었습니다.

범팔   하.. 부임한 첫날부터 이런 일이.. (하다가)
범인은? 범인이 누군지는 밝혀냈느냐?

군관1   수상한 자가 있긴 합니다. 지율헌에서 최근까지 구료를 받던 영신이란 양인이 며칠 전부터 동래 근처를 돌아다니며 못 쓰는 농기구들을 모으고 다녔다고 합니다.

범팔   농기구들을?

군관1   지율헌 담장 위에 그 농기구들이 박혀 있었습니다. 시신들을 숨기려 외인들이 접근하는 걸 막은 듯 보입니다. 게다가..

범팔　게다가?

군관1　그자는 동래를 드나들던 외부인인데, 그자의 호패를 추문해보니
　　　이미 삼 년 전 전란 때 죽은 자의 호패였습니다.

범팔　그렇다면.. 가짜 호패를 들고 다녔단 말이냐?

군관1　예.

범팔　그놈이 수상하다!
　　　당장 모든 군사들을 동원하여 그자를 잡아오라!!

9　D, 몽타주

-동래 인근 강가에 위치한 움막촌으로 무지막지하게 밀려들어오
는 군졸들.
겁먹은 주민들의 모습들. 울음을 터뜨리는 아이.
그러나 아랑곳하지 않고, 군관 1의 지휘하에 닥치는 대로 움막촌
을 열어보고 안을 뒤지는 군졸들.
-동래 읍성 일각, 배고픔에 지쳐 벽에 기대 주저앉아 있는 백성들
의 얼굴을 들어 올리며 한 명 한 명 얼굴을 확인하는 군졸들.
손에는 영신의 용모파기가 그려진 종이가 들려 있다.

10　D, 동래 동헌 밖 거리 일각

오가는 군졸들의 무리를 초조한 눈빛으로 바라보고 있는 창.

그런 창을 향해 빠른 걸음으로 다가오는 무영.

창   어찌 되었느냐?

무영   영신이란 자가 범인으로 밝혀졌는데, 군사들이 수색에 나섰지만
        아직까지 찾지 못했다 합니다.

창   이승희 의원은?

무영   관아에선 범인을 찾는 데 급급해 미처 거기까진 신경 쓰지 못하고
        있습니다.

창, 초조한 얼굴로 듣고 있다가 돌아서서 걸어간다.

무영   (그 뒤를 따르며) 어딜 가십니까?

창   이렇게 있을 순 없다. 시간이 없어. 동래 바닥을 뒤집어 엎어서라
        도 어떻게든 이승희 의원을 찾아야 한다.

무영   맞는 말씀입니다. 저도 시간이 없지요. 빨리 그 의원을 찾아야 한
        양에 올라갈 것이 아닙니까.

창   방법이 있는 것이냐?

무영   아까 저하께서 말씀하시지 않았습니까. 동래 바닥을 뒤집어 엎어
        보자고.. 한양에 비하면 손바닥만 한 동래 바닥에 누구 한 명이라
        도 이승희 의원에 대해 아는 자가 있겠지요.

11   D, 강가 일각

빠르게 말을 몰고 있는 범일과 의금부 도사들.
저 앞쪽의 산을 발견하고 말을 멈추는 도사 1, 일제히 멈추는 일행.

도사1 이제 곧 동랩니다.
범일   무리를 셋으로 나눈다. 세자를 보는 즉시 관아로 압송하라!

세 무리로 나눠는 일행.

12   D, 강녕전 뒷문

강녕전. 후미진 뒷문이 열리면서 나오는 내금위들.
내금위 1, 어깨에 커다란 보자기를 얹고 주변을 살펴보며 다른 내
금위들과 함께 후원으로 연결된 산길 쪽으로 사라지는데.. 보자기
사이에서 뚝 떨어지는 붉은 피.

13   D, 한양, 궁궐 후원

궁궐 뒤편의 인적이 없는 야산 후원.
은밀한 움직임으로 보자기에 싸인 궁녀의 시신을 업어 들고 올라
오고 있는 내금위들. 단풍으로 둘러싸인 아름답고 운치 있는 저수

지에 도착한다.

저수지 한편에 묶여 있는 배에 시신을 싣고 저수지 중앙으로 향하는 내금위들. 보자기에 싸인 시신에 커다란 돌을 매달고 있다.

멀리서 누군가의 시선이 이들의 행동을 몰래 지켜보는데...

커다란 돌이 매달린 시신을 저수지 안으로 풍덩 집어넣는 내금위들.

궁녀의 시신이 기포를 일으키며 물속으로 사라진다.

14   **D, 저수지 안**

수면 너머로 드는 햇빛 사이, 물보라와 해초들 사이로 서서히 바닥으로 가라앉고 있는 검은 보자기가 둘러씌워진 궁녀의 시신.

'쿵' 바닥에 닿는데 그런 궁녀의 시신에서 서서히 옆을 비추면,

그 옆쪽으로 그 전에 유기된 십몇 구의 궁녀들의 시신.

똑같이 검은 보자기가 뒤집어 씌워진 채, 발목에 돌이 매달려진 채 물에 둥둥 떠 있다.

검은 보자기 사이로 하늘거리는 비단치마, 뒤로 묶인 손. 버선이 벗겨진 하얀 발 등 숨진 채 버려진 궁녀들을 비추는 화면 바로 앞으로 스치듯이 유영하며 지나가는 실 같은 하얀 벌레.

15   **D, 한양, 대제학의 방**

마주앉아 있는 대제학과 교리 1, 교리 2.

대제학   (놀라는) 저하께서 사라지셨다?

교리 1   예, 의금부 도사들이 저하를 압송하기 위해 출동했다 합니다.

대제학   ...안현 대감은? 아직도 답신이 없는가?

교리 1   몇 번이나 사람을 보냈지만, 여전히 묵묵부답이십니다.

대제학과 교리 1의 눈빛 어둡게 가라앉는데..
굳은 눈빛으로 두 사람을 바라보던 교리 2. 어렵게 입을 뗀다.

교리 2   ...저하의 친필이 적힌 연판장은 어디 있습니까?

대제학   (보는) 무슨 소린가?

교리 2   차라리 그 연판장을 들고 조학주 대감에게 가시죠.

              그러면 더 이상 유생들이 죽는 걸 막을 수 있을 겁니다.

교리 1   자네 미쳤는가.

교리 2   저하는 우리를 버리고 도망치신 겁니다. 그러니 우리라도 살길을

              찾아야죠.

교리 1   그만하게.

교리 2   세자 저하까지 건드리는 조학주 대감이 왜 대제학 대감은 놔두는

              지 모르십니까? 굴복하라는 겁니다. 성균관의 수장이신 대감이 전

              국 모든 유생들을 데리고 해원 조씨에게 넘어오면 적어도 유림은

              살려주겠다는 것입니다.

대제학   그만하라니까!

교리 2   언제 금군이 들이닥칠지 모릅니다. 빼앗기기 전에 넘겨야 합니다.

              그것만이 살길입니다.

그때, 밖에서 들려오는 인기척에 다들, 눈빛 멈칫하며 긴장감이 감도는데...

하인(소리) 대감마님, 손님이 찾아오셨습니다.

문이 열리면... 동궁전 상궁이 긴장한 눈빛으로 서 있다.

대제학 동궁전 상궁이 예까지 무슨 일인가?

의아한 시선으로 그런 상궁을 바라보는 사람들.

-방 안. 시간 경과되면
믿기지 않는 굳은 눈빛으로 상궁을 바라보는 사람들.

교리1 강녕전에서 시신이 나오다니.. 믿을 수 없습니다.
어찌 그런 일이..
대제학 ..나 역시 그렇네. 후원은 왕족 외에는 출입이 엄금된 곳인데 그곳엘 어찌 들어갔단 말인가.
상궁 궁 안에 저를 비롯해 해원 조씨의 패악에 지친 이들이 많습니다.
강녕전에서 기이한 일들이 일어난다는 소문에 목숨을 걸고 숨어들어가 엿본 것입니다. 믿어주십시오.
제 목숨이 걸린 일로 거짓을 고하겠습니까.

그런 상궁을 보던 교리 2. 대제학에게

교리2   사람이 죽으란 법은 없나봅니다.

대제학, 교리 1(보는)

교리2   저 상궁의 말이 사실이라면.. 강녕전에 괴사가 생겼다는 얘깁니다.
        그걸 조학주 대감이 우리에게 숨겨온 것이지요.

대제학   …

교리2   ..이 사실을 파헤치면 해원 조씨의 씨를 말릴 기회가 될 수 있습
        니다.
        유생들도.. 우리도 저하도 살길이 열린다는 말입니다.

서로를 바라보는 사람들의 눈빛에서.

16   **D, 읍성 인근 움막촌**

9씬의 움막촌으로 걸어 들어오는 창과 무영.
안 그래도 초라하기 그지없는 움막촌이 군졸들의 막무가내 수색
에 더욱 엉망이다. 찢겨 바닥에 짓이겨진 움막들.
추위와 배고픔에 찬 바닥에 누워 바들바들 떨고 있는 아이들.
한쪽에는 눈이 퀭한 허기진 사내들, 싸움이 붙어 있다.
개떡 하나를 두고 서로 먹으려 하는 사내들. 그러다가 개떡 땅에
떨어지는데, 바로 옆에 있던 소년 덕호가 흙을 털지도 않고, 입에
욱여넣고, 개떡을 놓친 사내들, 덕호를 화난 얼굴로 발로 차기 시

작한다.

여기저기 피 흘리면서도 입에 넣은 개떡을 꾸역꾸역 먹고 있는 소년을 멈칫해 보는 창. 낯선 광경을 보다가 앞서 걷고 있는 무영의 뒤를 따른다.

-시간 경과되면, 움막촌 가장 끝 가장자리에 위치한 움막 앞에서 화난 굳은 얼굴로 어질러진 망태기며 호미 등 집기들을 정리 중인 중년의 약초꾼 김 씨에게 다가오는 창과 무영. 창은 여전히 무영의 뒤에 거리를 두고 서고, 무영이 김 씨에게 말을 건다.

무영   자네가 약초꾼 김 씨인가?

        들은 바로는 자네가 지율헌에 약재를 댔다지?

        이승희 의원이 자네에 대한 신망이 깊다 들었네.

김 씨   (경계하는) 전 이번 일에 대해서는 아무것도 모릅니다.

무영   난 이번 일 때문에 온 게 아닐세. 급한 용무로 이승희 의원을 찾고

        있는데, 지금 어딨는지 알고 있는가?

김 씨   전 그곳에 약재만 댔을 뿐, 아무것도 모릅니다.

        죄송하지만, 제가 좀 바빠놔서..

진흙이 묻은 집기들을 들고 강가로 가려는 김 씨에게

창   (차가운) 웃전의 말이 아직 끝나지 않았다.

       천한 것이라 예도 배우지 못한 것이냐?

       천천히 돌아서는 김 씨, 눈매가 매섭다.

김씨 늙은 아버지가 이 난리통에 아침부터 아무것도 못 드셨는데 물이
      라도 떠다 드리려면 그릇이라도 씻어야 할 것 아닙니까?
      장을 때리시려면 때리십시오. 전 그릇 씻으러 갈라니까..

      창, 기가 막힌 얼굴로 저..저것이.. 하는데 무영 갑갑하다는 얼굴.
      다급히 강가 쪽으로 가려는 김 씨를 붙잡아 창과 좀 떨어진 쪽으
      로 끌어당기며

무영 (낮게) 미안하네. 내 동료가 오냐오냐 자라서 성격이 저 모양일세.
      자네가 이해하고 아는 게 있으면 얘기 좀 해주게.
      사례는 넉넉히 해주겠네.
김씨 (여전히 경계하는 눈빛) 몇 번을 말씀드립니까. 전 의원님을 못 뵌 지
      몇 달이 넘었습니다.

      무영, 남들 보이지 않게 엽전 꾸러미에서 엽전 두어 개를 꺼내 유
      혹하듯 흔들어대며,

무영 작은 거라도 좋으니, 뭐라도 얘길 좀 해주게.
      정말 중요한 일일세.

      엽전에 김 씨의 눈빛의 흔들리자,

무영 관에는 절대 알리지 않겠네.
김씨 ...어제.. 지율헌에서 일하던 서비란 의녀가 찾아왔었습니다.

김 씨가 말을 시작하자, 옆으로 다가오는 창, 의녀란 말에 멈칫한다.

무영   의녀? 지율헌 사건에 생존자가 있단 얘기냐?

창   (무영에게) 그 의녀는 이승희 의원이 어디 있는지 알 것이다.

무영   (김 씨를 보며) 그 의녀는 지금 어디 있느냐?

김 씨   잘은 모르지만 아마 용담사로 갔을 겁니다.
절 찾아와 용담사에서 난다는 생사초라는 풀에 대해 물었거든요.
죽은 사람을 살리는 풀이니 뭐니 혼이 빠진 게, 제정신으로 보이
진 않았습니다.

창, 눈빛 멈칫하며

창   방금 뭐라 했느냐? ..죽은 사람을 살리는 풀?
정녕 그 의녀가 그리 말한 것이냐?

김 씨   예, 허나 그런 풀이 세상 천지에 있겠습니까?

창   (마음 급한 듯 말 끊으며) 용담사라는 곳. 그곳이 어디냐?

17   D, 몽타주

-동래 읍성에서 말을 타고 달려 나오는 창과 무영의 모습.

김 씨(소리)   고미산이라고 동래에서 멀지않은 산에 있는 오래된 절입니다.

-들길을 달리는데, 저 앞쪽으로 보이기 시작하는 고미산.

김 씨(소리) 동래에서 북쪽으로 걸어서는 반나절.
말로는 반 시진을 달리면 바위산이 보이실 겁니다.
그 산이 바로 고미산입니다.

-점점 가까워지는 고미산. 깎아지른 암벽들로 이뤄진 바위산이다.

18   D, 고미산 일각, 용담사

바람에 흔들리며 소리를 내고 있는 녹슨 풍경에서 서서히 빠지는
화면.
오랜 세월을 겪은 듯 폐허처럼 변해 있는 작은 규모의 용담사.
떨어지기 일보 직전인 빛바랜 현판을 바라보다가 천천히 들어서
는 창과 무영.
건물을 둘러싼 돌담들은 여기저기 무너져 경계 자체가 모호하고
뜰에는 무성한 잡초. 연신 울려대는 풍경 소리 외에는 인적 하나
느껴지지 않는 스산한 용담사 내부를 둘러보는 두 사람.
목조건물 내부를 확인하는 무영.

무영   이쪽은 아무도 없습니다.
창, 고개를 돌려 건물 뒤쪽을 바라본다.

19   D, 용담사 뒤뜰

뒤뜰 쪽으로 걸어오는 창과 무영.

앞뜰과 같이 허리까지 자란 무성한 잡초들 사이, 사람 키만큼 쌓였던 돌무덤들. 푸르른 이끼와 잡초에 싸여 불규칙한 기둥들처럼 뒤뜰을 지키고 있다. 그럼 돌무덤들 사이로 걸어 들어가는 두 사람.

그때, 돌무덤들 사이로 희끗 보였다 사라지는 그림자.

서로 시선 마주치는 창과 무영, 그 뒤를 따라 빠르게 돌무덤들 사이를 이쪽저쪽으로 뒤따라간다.

그러다가 한 돌무덤 사이를 도는데 뭔가를 찾는 듯 미친 듯이 잡초 사이를 파헤치고 있는 그림자의 뒷모습.

피로 얼룩진 앞치마, 피투성이인 손가락, 산과 길을 누비고 다닌 듯 흙과 먼지로 엉망인 차림, 며칠간 잠도 자지 못한 초췌한 얼굴의 서비다.

창   ..저 여인의 옷.. 지율헌에 죽은 의녀들과 같은 옷이다.

서비에게 다가가는 무영.

무영   네가 서비란 의녀냐?

무영의 물음에 천천히 올려다보는 서비. 지치고 힘든, 뭔가에 모든 정신을 뺏긴 멍한 눈빛이다.

서비	없습니다...
무영	뭐?
서비	(다시 주변을 파헤치며) 찾아야 되는데.. 생사초.. 보라색 하늘하늘한 꽃.. 아무리 찾아도 없습니다.

정신이 빠진 서비를 답답한 듯 보다가 앞으로 나서 서비에게 다가 오는 창.

창	(서비를 향해) 이승희 의원은 어디 있느냐! 대답하라.

서비, 이승희 의원의 이름이 나오자, 눈빛 급격하게 굳어버린다.

창	우리는 이승희 의원을 찾아 한양에서 이곳까지 내려왔다. 어서 말해 보거라!
서비	..의원님께선.. 화를 피하지.. 못하셨습니다.
창	그게 무슨 소리냐? 화를 피하지 못했다니..
무영	..죽었단 말이냐?

말을 못 잇는 서비.

창	...!

이승희를 만나기 위해 여기까지 왔는데.. 믿을 수 없다는 창.

서비	....모두 생사초.. 그 풀 때문입니다. 한양도.. 지율헌도 그 풀이 모든

것을 그리 만들었다 의원님께서 말씀하셨습니다..

창   그게 무슨 말이냐. 한양도 지율헌도 그 풀 때문이라니..
지율헌 사람들이 죽은 것이 한양에서 일어난 일과 관련이 있는 것
이냐?

지율헌 얘기가 나오자 소스라치게 놀라 부들부들 떨기 시작하는
서비.

서비   ..지율헌 사람들이 죽은 것을 어찌 아십니까?
설마 그 사람들을 보신 것입니까?

무영   그래, 지금 관아에서 그 사건을 조사 중이다.

서비   ...조사 중이라니요..
설마.. 그들을 지율헌 밖으로 옮긴 것입니까?

서비, 낯빛이 변하며 공포에 질려온다.

서비   ...안 됩니다.. 그들은 죽지 않았습니다!
막아야 합니다!

20   **D, 지율헌 건물 밖/안**

지율헌 건물 밖을 지키고 있는 군졸 두 명.
지율헌으로 다가서는 누군가의 인기척에 바라보는데..

등 뒤에 녹슨 농기구들을 감싼 보자기를 지고 있는 영신이다.

며칠 동안 제대로 자지도 못한 듯 붉게 충혈된 영신의 눈빛, 지율헌 앞을 지키는 군졸들과 활짝 열려 있는 대문을 보자, 삽시간에 굳어버리는데..

군졸들, 경계하는 눈빛으로 당파를 빼어들며

군졸1   웬 놈이냐!

그러나 군졸의 목소리가 들리지 않는 듯 지고 있던 보자기를 팽개치고 지율헌 안으로 들어가려는 영신. '이놈이!' 하며 군졸 한 명이 막아서보지만, 그런 군졸을 거칠게 밀치고는 지율헌 안으로 다급히 들어서는 영신.

텅 빈 대청마루 밑을 확인하자, 눈빛 공포로 크게 흔들린다.

그런 영신의 뒤를 쫓아 들어오는 군졸들.

군졸1   웬 놈이냐 묻지 않느냐!
영신   (충격에 떨리는 목소리로).. 다 어디에 있소?
군졸1   묻는 말에나 대답하라.

영신, 순간 거칠게 군졸 1의 멱살을 잡으며
영신   여깄던 사람들, 다 어디로 옮겼소!!

21   D, 동래 관아 동헌

거적을 들어 의녀 1의 시신을 살펴보고 있는 의원과 시생파(여자 시신을 검안하는 산파), 그 옆쪽엔 검험을 돕는 오작인, 조금 떨어진 뒤쪽에는 범팔과 이방, 군관 1이 검험을 바라보고 있다.
범팔은 자꾸 욕지기가 나는 듯, 헛구역질을 해대고 있고..
시생파, 의녀 1의 목, 어깨 등에 난 참혹한 이빨 자국을 살펴보는데..

범팔   (최대한 욕지기를 참으며) 어찌 되었는가?
의원   복검을 해봐야 정확히 알겠지만, 사인은 목에 입은 상처입니다. 짐승에게 물어뜯긴 자국 같긴 한데.. 치흔의 크기가 호랑이나 늑대에 비하면 너무 작습니다.
범팔   그럼 여우냐?
의원   (자기도 의아한) 아뇨.. 짐승의 이빨 자국이 아니라.. 이건.. 사람의 이빨 자국과 흡사합니다.
범팔   그게 말이 되는가? 사람이 사람을 물어 죽이다니..

22   D, 동래 관아 건물 밖

활짝 열린 정문 너머로 보이는 동헌 마당 안의 시신들.
그런 정문 앞, 아직도 울먹이며 떠나지 못하고 있는 유가족들을 막고 있는 군졸들. 그런 동래 관아로 다급히 뛰어오는 누군가의 발소리와 거친 숨소리.

보면, 미친 듯 뛰어오고 있는 영신이다.

군졸들, 놀라서 당파로 막으며 '웬 놈이냐!' 막아보려 하지만, 거칠게 달려오던 영신, 자신의 앞을 막아서는 군졸에게 한 방을 먹여 밀쳐버린다. 놀라는 군졸들, 그러나 말릴 틈도 없이 동래 관아 건물로 뛰어 들어가는 영신.

23   D, 동래 관아 동헌

동헌으로 뛰어 들어오는 영신,
거친 숨을 내쉬며 동헌 마당에 줄지어 놓인 시신들을 불길한 떨리는 시선으로 바라보는..

영신   이자들은 여기 있으면 안 됩니다! 어서 이자들을 가둬야 합니다!
이방   대체 누군데, 함부로 동헌에서 행패인 것이냐!
영신   당신들이 찾던 자가 바로 납니다! 내가 모든 걸 보았습니다!
        이 사람들은 죽지 않았습니다!

그때, 범팔의 뒤에 서 있던 군관 1, 낯빛 굳으며

군관1   용모파기가 그자와 흡사합니다! 저자가 범인입니다!
범팔   (놀라며) 뭣들 하느냐! 저자를 잡아라!

영신에게 몰려드는 군졸들, 영신을 제압하려 하는데

영신, 그런 군졸들을 뿌리치며 범팔에게 다가오려 하며

영신　이자들은 죽지 않았습니다! 내 말을 믿어주십시오!
범팔　당장 잡으라 하지 않느냐!

영신, 범팔이 자신의 말을 들어주지 않자, 낯빛이 굳어온다.
하늘을 보는데, 태양은 어느새 서쪽을 향해 기울고 있다.
그런 영신에게 달려들어 제압하려는 군졸들.
영신, 몸에 익은 듯한 능숙한 무예 실력으로 군졸들을 가볍게 제압
하며 동헌 마당 한편에 설치된 화로로 달려가, 불타고 있는 나무 막
대기를 하나 꺼내 든다. 놀라서 그런 영신에게 달려들려는 군졸들.
영신, 그런 군졸들을 발로 밀치고 불붙은 나무 막대기를 들고 시
신들에게 돌진해, 시신을 덮은 거적에 불을 붙이기 시작한다.
정문 밖에서 보다가 놀라 비명을 지르는 유가족들.
놀라서 달려드는 군졸들. 횃불을 휘두르고, 발로 차며 다른 시신
들에도 불을 붙이기 시작하는데.. 검을 빼들고 달려오는 군관 1을
비롯한 군관들.
영신, 그런 군관들마저도 불붙은 나무 막대기 하나로 상대하며 또
다른 시신들을 향해 전진한다. 군관 1을 비롯한 군관들 그런 영신
의 움직임에 한꺼번에 달려들기 시작하고.. 수적으로 불리한 영신,
자신의 등을 검에 내주는 한이 있더라도 모든 시신들에 불을 붙이
려는 듯 죽기 살기로 "으아악!!" 시신들을 향해 달려드는 모습이
마치 야차와도 같다.
사색이 되는 군관들과 모든 군졸들, 그런 영신에게 달려들면서 거

우 영신을 쓰러뜨리는 데 성공한다.

차디찬 돌바닥에 얼굴이 짓이겨지며 포승줄로 제압당하는 영신.

그런 영신의 붉게 충혈된 시선, 놀라서 달려와 자신의 가족 시신에 붙은 불을 울면서 끄고 있는 유가족들에 멈춘다.

영신 제압당하면서도 부들부들 떨리는 눈빛으로

영신   (절박한) 안 돼!!

24   D, 용담사 앞뜰

서비, 공포에 질려 제정신이 아닌 눈빛으로 뒤뜰에서 뛰어나오는데 뒤이어 따라온 무영이 검으로 그 앞을 막아서고, 그 뒤쪽으로 굳은 눈빛의 창이 따른다.

무영   어딜 도망치려 하느냐.

서비   막아야 합니다! 시간이 없습니다.

무영   (창을 보며) 이 여인은 미쳤습니다. 죽은 자들이 살아난다니요.

서비   모든 게 사실입니다. 그자들은 죽지 않았습니다.

그때, 뒤따라온 창, 무영의 검을 내리고 서비를 보며

창   아까 그 얘기는 무엇이냐.

        한양도 지율헌도 모두 그 풀 때문이라고 하였다.

서비   한양에서 생사초로 죽은 사람을 살렸다 하셨습니다.

서비의 얘기를 듣는 창의 눈빛, 서서히 떨려온다.

서비   지율헌도 마찬가집니다. 죽은 자들이 살아났습니다.
        가서 막아야만 합니다.
창   죽었다 살아났다는 자들.. 어떠했느냐..
        악취가 나고 짐승의 울음소리를 내지 않았느냐..
서비   맞습니다. 그러했습니다.

창의 눈빛 더욱 떨려온다.

-인서트
1부, 16씬. 강녕전 방에 숨어 있던 창.
창호문 밖으로 지나가던 괴이한 그림자.
악취, 짐승의 소리.

-다시 용담사로 돌아오면

창   ...물증이 있느냐?
서비   (보는)
창   ...네 말을 입증할 수 있는 물증.. 있느냐?
서비   지율헌 약재창고에 이승희 의원님의 병상일지가 있습니다. 거기
        에 모든 게 적혀 있었습니다. 용담사의 생사초, 그 풀을 찾으면 이
        병을 고칠 수 있는 방법을 알 수 있다고 하셔서 지율헌 식구들을
        고칠 방법을 찾기 위해 여기 온 것입니다. 믿어주십시오. 시간이

없습니다. 해가 지기 전에 어서 가서 더 큰 괴사를 막아야만 합니다.

그런 서비를 바라보는 창, 무영을 향해

창   난 지율헌에 갈 테니, 넌 저 여인과 관아에 가서 진위를 확인해보
        거라.
무영   아니 됩니다. 어찌 혼자..
창   (무영을 강하게 보며) 중요한 일이다. 가서 진위를 확인해보거라.

25   **D, 길 일각**

지율헌을 향해 말을 달리는 굳은 얼굴의 창.

26   **D, 지율헌, 약재창고**

밖의 상황과 비슷한, 여기저기 피투성이에 약재들을 보관했던 듯
한 커다란 이불장은 엎어져 있고, 장들 역시 마구 부서져 있는 등
어질러진 약재창고 안으로 들어서는 창.
가장 안쪽 약재와 관련된 서책들이 꽂힌 책장 쪽을 향해 걸어 들
어와 책장 안쪽으로 코너를 도는데, 뭔가를 발견하고 멈칫한다.
책장 앞, 책상 위에 놓인 이승희 의원의 병상일지를 바라보고 있
는 누군가의 뒷모습. 바로 범일이다.

범일　이것을 찾으러 오신 겁니까?
　　　(천천히 돌아서며) 한양에서 이 먼 동래까지?

굳은 얼굴로 그런 범일을 바라보는 창, 그런 창에게 천천히 다가오는 범일. 왕의 옥새가 찍힌 비망기를 창의 눈앞에 보여주며

범일　전하의 뜻이 담긴 비망기입니다.
　　　(비망기를 읽는) 한양성 괘서사건을 주도한 유생들 89명을 고신한 결과 모든 역모의 정범이 세자인 것으로 드러났다.
　　　세자를 당장 의금부로 압송하여 역모의 전모를 낱낱이 밝히라.

범일이 얘기하는 동안 한 명 두 명, 범일을 따르던 의금부 도사들 두 명, 약재창고 안으로 들어서서 세자를 감싸듯 선다.

범일　지금 당장 왕명을 받들어 한양으로 압송하겠습니다.
　　　그래도 세자 저하의 체면이 있으니 포승줄은 묶지 않겠습니다. 순순히 가시죠.
창　　...왕명이라..
　　　지금.. 이 땅에 왕이 계시긴 한 것이냐?
범일　(보는)
창　　전하께.. 내 아바마마께.. 무슨 일이 벌어진 것이냐.
범일　...(무슨 생각을 하는지 모르는 차가운 눈빛) 무슨 말씀을 하시는지 모르겠습니다.
창　　이승희 의원은 왜 한양으로 부른 것이냐.

범일	두창을 가장 잘 다스리는 의원입니다. 전하의 시봉을 위해 불러들인 것입니다.
창	생사초.. 그 풀은 어디에.. 쓴 것이냐..
범일	(생사초란 말에 멈칫하는)
창	(감정이 올라오기 시작하는) 정녕.. 아바마마께서 돌아가신 것이냐!!

그런 창을 가만히 바라보다가 입을 여는 범일.

범일	전하가 돌아가시다뇨. 그럴 리가요. 전하께선 아직도 살아 계십니다. 물론.. 정신이 혼미하시긴 하시나.. 중전마마의 출산일까지는 무사하실 것입니다.

아무렇지도 않게 대답하는 범일을 바라보는 창의 눈빛, 분노가 차오른다.

창	그렇게 잡고 싶더냐? 일국의 왕을 받드는 신하로서 절대 해서는 안 되는 일을 저지르면서까지 그 권력이 그리도 갖고 싶더냐.

그런 창을 바라보던 범일, 미소가 가셔지며 눈빛이 차가워진다.

범일	저하께선 무엇을 하셨습니까?
창	…
범일	그저 왕의 아들로 운 좋게 태어났을 뿐, 아무 일도 하지 않으셨습니

다. 그 주제에 아버지를.. 저를.. 언제나 지금 그런 눈빛으로 보셨죠. 나는 너희들 같은 더러운 버러지들과는 다르다.. 그런 눈빛으로..

창, 차갑게 범일을 보다가

창   ..니 말이 맞다.

범일   (보는)

창   너희들은 버러지들이다. 일국의 왕을 능멸하고, 왕실을 능멸했으며, 백성들을 도탄에 빠뜨린 버러지들. 그것이 너희들 해원 조씨다.

창의 말을 들으며 점점 싸늘해지는 범일의 눈빛.
천천히 손에 들고 있던 비망기를 찢어버리며

범일   아버님께 명분 따위 따지지 말고, 그냥 죽여버리자고 말씀드렸던 적이 있습니다. 독이건 칼이건.. 뭐든 제 손으로 직접 죽이고 싶었거든요.

칼을 뽑아드는 범일.

범일   그때 베어보라 말씀하셨죠. 베어드리겠습니다. 오늘

창, 역시 칼을 빼든다.

창   내가 단지 운이 좋다 했느냐. 아니, 난 선택된 것이다.

아바마마께 물려받은 이 나라 왕재의 핏줄로 이제 너희를 단죄할 것이다.

범일, 순간 칼을 곧추세우고 창을 향해 휘두르고, 창, 지지 않고 검을 마주친다. 그런 두 사람을 비추는 창문 너머 붉은 노을.

27   **D, 동래 관아 건물 앞**

해가 지기 시작하는 하늘.
말을 타고 빠르게 다가오는 무영과 서비.
"히히힝" 건물 앞에 말을 멈춰 세우는 무영.
서비, 다급히 내려 동헌 문밖에서 안을 구경하던 사람들을 뚫고 안쪽을 향해 뛰어가고 무영 역시 말에서 내려 그 뒤를 따른다.

28   **D, 동래 관아 동헌**

동헌 마당에는 여전히 시신들이 뉘어 있고, 그런 시신들 가장 앞 포박을 당한 채 쓰러져 있는 영신.
벌써 꽤 얻어맞아 여기저기 부어 터져 있다.
대청에 앉은 범팔, 그런 영신에게

범팔   이실직고하지 못할까? 저 사람들을 도대체 왜 죽인 것이냐?

영신	몇 번을 말해야 믿으실 겁니까? 저들은 죽지 않았습니다.
범팔	(답답해 돌아버릴 지경, 쾅 치고 일어서며)

저놈이 진짜 실성했구나. 저놈을 더욱 쳐라!

그런데, 동헌 문 쪽에서 들려오는 소란.
들어오려는 서비를 군졸들이 막아선 것이다.

서비	부사 나으리! 들여보내주십시오! 전 지율헌 의녀입니다.

제가 다 말씀드리겠습니다.

범팔과 사람들, 의아한 시선으로 바라보는..
범팔, 보다가 군졸들에게 들여보내라는 듯한 눈빛.
서비, 곧바로 뛰어 들어오고, 무영 역시 문가로 들어서서 지켜보기 시작한다.
뛰어 들어와 범팔 앞에 엎드리는 서비.

서비	(다급히) 이 사람들은 모두 죽지 않았습니다. 어서 저들을 가둬야 합니다.
범팔	(보다가) 이것들이 쌍으로 돌았구나..
서비	제 말을 믿어주십시오. 어서 빨리 이 사람들을 가둬야 합니다. 그렇지 않으면 동래 땅의 모든 사람들이 위험해집니다.
범팔	(기가 막힌 실소)
서비	(절박한) 시간이 없습니다!

범팔, 기가 막힌 듯 서비와 영신을 보다가 군졸들에게

범팔 저 미친년놈들이 지율헌의 사람들을 죽이고 둘러대는 것이 확실
하다.
저것들을 당장 하옥시켜라!

군졸들, 다가와 두 사람을 끌고 옥사로 향한다.
'안 됩니다!' 외치면서 끌려가는 두 사람.

28-1 D, 옥사

'쾅' 문 열리며 옥사에 서비를 집어던지듯 집어넣고 문을 잠그는
군졸.
서비, 옥사 창문 너머로 보면 빠르게 해가 지고 있다.
다급한 얼굴로 나무 창살을 잡으며 "안 됩니다! 다들 피신시켜야
해요!!" 외치는 서비.
그 뒤쪽으로 옥사 건물로 들어서는 영신을 끌고 온 군졸들.
다른 쪽 감방에 영신을 집어넣으려는 듯 문을 여는데 그런 군졸을
몸으로 밀쳐 감방 안으로 집어넣어버리는 영신. 놀라 문을 열고
나오려는데 자기 체중으로 문을 눌러버리고 놀라서 영신을 덮치
려는 다른 군졸을 발로 차서 기절시키고 그새 감방 문을 열고 나
오려는 군졸을 이마로 박치기해 또다시 기절시키는 영신. 쓰러진
군졸들의 당파를 이용해 밧줄을 풀기 시작한다.

29   D, 한양, 궁궐 외경

역시 빠르게 해가 지면서 어둠 속에 빠지고 있는 궁궐.

30   D, 강녕전, 왕의 침소

해가 지고 있는 하늘이 보이는 창문.
조학주, 발이 드리워진 왕의 침소를 바라보고 있다.
무표정한 얼굴로 가만히 침소를 바라보다가 천천히 다가가 발을
들어 안을 바라보는 조학주.
창백한 낯빛으로 죽은 듯 누워 있는 왕.
그런 왕을 내려다보는 조학주의 모습에서.

31   N, 과거, 강녕전, 왕의 침소, 조학주의 회상

창백한 낯빛의 왕, 자리에 누워 있다. 얼굴과 전신에 드문드문 번
진 반점, 그런 왕을 향해 무릎걸음으로 다가가는 이승희 의원.
그 옆에서는 그런 모습을 지켜보고 있는 조학주와 계비.
문 쪽엔 범일이 서 있다.
손목을 들어 진맥을 하는 이승희 의원. 코와 입에 솜을 갖다 대어
보는데 움직임이 없다.

이승희 (어두운 낯빛으로) 어의 영감의 말씀이 맞습니다.

전하께선.. 붕어하셨습니다.

조학주 죽은 사람이라니.. 무슨 소릴 하는 겐가.

전하께선 살아 계시네.

이승희 대감..

조학주 (강한 어조) 앞으로 한 달.. 중전마마께서 왕자 아기씨를 출산하실 때까지는.. 반드시 살아 계셔야만 하네.

이승희 (눈빛 떨리는)

계비 뭘 망설이시오. 왕을 살리는 것이 의원의 본분 아닙니까. 영감은 그저 맡은 바 소임만 다하면 되는 것입니다.

이승희, 그런 조학주와 계비의 눈빛을 제대로 바라보지도 못하고 벌벌 떨고 있다.

조학주 겁먹을 것 없네. 삼 년 전 그때처럼.. 그렇게 하면 되는 것이네.

32   D, 현재, 강녕전, 왕의 침소

방바닥 위를 비추던 햇빛, 서서히 해가 지기 시작하면서 빛이 사라지고 어둠이 드리우고..
그런 어둠, 왕의 얼굴 위까지 내려앉는데..
순간, 번쩍 흐릿한 동공으로 눈을 뜨는 왕.
바로 앞에 서 있는 조학주를 발견하자, 마치 인육을 탐하는 짐승처럼 미친 듯이 조학주를 향해 덤벼들지만, 한쪽 손이 튼튼한 쇠사슬로 묶여 있다.

그런 왕을 가만히 내려다보는 조학주.

33   N, 동래 관아 동헌

어둠이 내려앉기 시작하는 동헌.
범팔, 의자에서 일어서며

범팔   이제 시신들을 가족들에게 돌려주거라.

그때, 역시 어둠이 내려앉는 동헌의 가장 끝 쪽.
거적에 덮인 시신의 손이 움찔한다.
구경꾼들 중 한 명, 놀라 바라보며

구경꾼1   어?! 움직였다. 저기 움직였어요!
무슨 소린가 쳐다보는 사람들, 구경꾼 1의 손끝을 쫓아보면..
그 끝에.. 거적이.. 들썩이고 있다.
오! 놀란 사람들, 겁먹은 채 뒷걸음치려는데..
다시 잠잠해지는 시신.
순간 겁먹었던 범팔, 자신을 지키는 군졸들의 숫자를 믿고...

범팔   (군졸에게) 저기 저것 좀 걷어보아라.

그 말에 잔뜩 겁먹은 군졸 하나가 기다란 창끝으로 시신의 거적을 젖히려는데 헛손질이 계속된다.

범팔   그냥 손으로 해. 사내자식이 겁이 많아 갖구선.

군졸 1, 어쩔 수 없이 다가가 손을 뻗쳐 거적을 휙 잡아당기면..
돌 밑에 드러난 지네가 꿈틀거리듯 왜소한 체구의 여자 시신이 움직이고 있다.

사람들   (일제히 한 걸음 물러나며) 오..

움찔움찔 놀라던 사람들.. 무서운 건지, 신기한 건지..
시신의 몸동작에 따라 호들갑들이다.
범팔도 요상한 상황을 신기하게 바라보는데..
급기야 시신이 비틀거리며 기묘하게 일어서고 있다.
'어어어?' 놀라 고함을 지르는 사람들, 여차하면 도망갈 태세다.
그 순간, 군중들 사이에서 일어서는 시신을 바라보던 중년남, 소리친다.

중년남   임자! 돌석 어멈!

중년남의 반가운 외침에 덩달아 두려움이 사라지는 사람들.
모두들 시신이 다시 살아났다고 여기는 분위기다.
군졸들을 밀치며 아내의 시신으로 달려가는 중년남.

중년남 (감격에 겨운) 돌석 어멈! 살아 있었구만!

중년남의 부름에 반응한 듯 휙 고개를 드는 여자 시신, 눈을 번쩍
뜬다.
붉게 충혈된 기괴한 눈빛이다.
'헉' 놀라 멈춰 서는 중년남.
여자 시신, 냄새를 맡는 듯 '킁킁'하다가 자신의 옆에서 겁에 질려
뒤로 물러서던 군졸 1을 덮치며 목덜미를 물어뜯는다.
"으악!!" 비명을 지르며 물러서는 사람들.
그사이 옆에서 일어난 꼬마 시신, 자신 앞에 있던 구경꾼의 다리
에 매달려 허벅지를 물어댄다.
연이어 하나 둘씩 눈을 뜨는 동헌 안의 시신들.
주변을 둘러보다가 가장 가까운 사람들을 공격하기 시작한다.
순식간에 아수라장이 돼버리는 동헌 뜰.
문가에서 당황해하는 무영, 창이 생각나는 듯

무영 저하..

하고는 말에 올라타 출발하고..

34 N, 지율헌, 약재창고

역시 어둠이 내려앉고 있는 약재창고.
'쨍' 부딪치는 칼. 여전히 싸우고 있는 범일과 창.

시간이 지나자 점차 범일에게 밀리는 창. 하얗게 질린 안색에 식은땀이 가득하다.

범일   배운 대로 잘 하시긴 하셨으나.. 진짜 사람을 죽여보지 못한 검으론 절 이길 수 없습니다.

연신 뒤로 밀리다가 결국 범일의 칼을 이기지 못하고, 칼을 떨어뜨리고 바닥으로 쓰러지는 창.
그런 창의 목에 칼을 들이대는 범일.

범일   (비웃듯 웃으며) 차라리 세자로 태어나지 말지 그랬소.

거친 숨을 내쉬는 범일, 단칼에 끝내려는 듯 창을 향해 칼을 휘두르려는데 순간, 어디선가 들려오는 '쿵' '쿵' '쿵' '쿵' 소리.
다들 멈칫하는 사람들.
어디서 들리는 소리지? 주변을 둘러보는데..
앞으로 엎어져 있는 큰 농 안에서 들려오는 소리.
범일, 도사들에게 가보라는 듯 눈짓을 하고,
긴장된 시선으로 엎어진 농 쪽을 향해 다가가는 도사들.
점점 더 커지는 농 안에서 들려오는 '쿵쿵쿵' 소리.
도사들, 어찌 할까 하는 눈빛으로 범일을 본다.

범일   열어보라.

도사들 두 명 칼을 놓고, 힘을 합해 엎어져 있는 농을 반대로 '쿵' 돌리는데 순간 농의 문이 열리면서 안에서 튀어나오는 괴물, 이승희 의원이다.

칼을 놓고 있던 도사 1, 반항할 틈도 없이 이승희 의원에게 물려 버리고..

그 광경을 놀라서 바라보는 범일, 창, 다른 도사 2.

도사 1의 목을 물어뜯고 있는 이승희 의원을 보던 범일, 정신을 추스르고 이승희 의원의 등 뒤, 심장 쪽을 찌른다.

검붉은 피가 콸콸 흐르는 채로 계속해서 도사 1의 목을 물어뜯더니 휙, 고개를 돌려 범일을 바라보는 이승희 의원.

'크르르' 짐승 소리와 함께 검이 등 뒤에 박힌 채, 범일을 향해 달려든다.

범일, 손에 아무것도 없다. 뒤로 물러서다가 장딴지에 묶은 가죽 검집에서 장도를 뽑아 들어 다가오는 이승희 의원의 어깨에 찔러 넣고, 발로 차 뒤로 밀어버린다.

그 덕에 뒤로 나가떨어지는 이승희 의원.

그때, 또다시 경련을 일으키다가 괴물로 변하는 도사 1,

"크아아!!" 울부짖으며 또다시 범일을 향해 덤비는데, 재빨리 바닥에 떨어진 칼을 들어 순식간에 도사 1의 머리를 잘라버리는 범일. 바닥에 뒹구는 도사 1의 머리. 그제야 서서히 쓰러지는 도사 1의 몸.

그 순간, 뒤로 밀쳐졌던 이승희 의원, 짐승의 몸놀림으로 어느새 일어나 범일을 등 뒤에서 덮치고, 함께 바닥에 쓰러지는 두 사람.

범일의 목을 집요하게 노리는 이승희 의원, 어떻게든 완력으로 이승희 의원의 머리를 뒤로 밀어내며 버티는 범일.

도사 2는 겁이 나는 듯 뒤로 한 걸음 두 걸음 물러나기 시작하고..

처음으로 괴물들의 모습과 실체를 목격한 창, 놀람에 벌벌 떨려온다.

믿기지 않는 듯 범일을 공격하는 괴물로 변한 이승희 의원을 바라보다가..

정신을 차리고 검을 들어 이승희 의원을 찔러보지만 전혀 아픔을 느끼지 못하는 듯 여전히 범일의 목을 노리는 이승희 의원.

창, 질린 얼굴로 그런 이승희 의원을 보다가 옆에 뒹구는 약재를 넣어놓던 커다란 도자기를 들어 이승희 의원의 머리 부분을 온 힘을 다해 가격한다.

순간, 뇌수가 터진 듯 검붉은 피를 흘리며 드디어 숨이 멎는 이승희 의원.

헉헉대며, 그런 모습을 바라보는 창.

그런데, 뭔가를 보고 멈칫해서 뒤로 천천히 물러선다.

이승희 의원의 밑에 깔려 있던 범일의 목에서 붉은 피가 흐르고 있다.

이승희 의원에게 이미 물리고 만 것이다.

으으으- 목을 움켜쥐고 일어나는 범일, 뭐라 말을 하는데.. 들리지 않고...

움켜쥔 손가락 사이로 새어나는 붉은 핏줄기..

창을 향해 한두 발자국 다가가더니 이내 푹- 쓰러지고 마는 범일.

죽은 듯 아무 움직임이 없다.

숨죽인 채 가만히 지켜보는 창.

하지만 오래지 않아 범일이 다시 경련을 일으키기 시작한다.

창, 굳은 낯빛으로 땅에 떨어뜨렸던 검을 들고 뒤로 물러선다.

모든 걸 목격한 도사 2, 한발 먼저 문을 향해 달려나가 밖에서 문을 쾅 잠가 걸어버린다.

뒤늦게 문에 도달한 창, 쾅쾅, 몸으로 문을 밀어보지만, 열리지 않는 문.

뒤쪽에서 달려오는 범일의 목에서 나는 소름 끼치는 짐승의 소리.

창, 뒤를 돈다.

벌써 창의 지척에 당도한 범일. 바로 창을 덮칠 듯하다.

검을 곧추 잡는 창, 본능적으로 검을 들어 자신을 덮쳐오는 범일을 향해 칼을 휘두른다.

'툭' 바닥에 떨어지는 무언가. 데굴데굴 굴러가다가 멈춰 서는데, 범일의 머리다. 벌벌 떨리는 손에 들린 피가 뚝뚝 떨어지는 검.

그리고 범일의 머리를 바라보는 창의 눈빛.

주변을 둘러보는데, 모든 곳이 피투성이고 바닥에 나뒹구는 건, 사람들의 처참한 시신들뿐이다. 두려움과 공포, 패닉에 휩싸이는 창.

검을 들어 '으아악!!' 괴성을 지르며 문을 내려치기 시작한다.

35   N, 지율헌, 약재창고 건물 앞

'쾅' 문이 부서지면서 안에서 뛰쳐나오는 창.

어둠에 휩싸인 지율헌 마당.

불어오는 스산한 바람 외에는 그 누구의 인기척도 느껴지지 않지만, 어디서 뭔가가 금방이라도 튀어나올 것 같다.

검을 치켜들고 흔들리는 눈빛으로 주변을 경계하는 창.

그런 창의 귓가에 환청처럼 '우-우-우' 하는 소음들이 들려온다.
멈칫해서 무슨 소리지? 바라보는 창.
점차 선명해지기 시작하는 소리. 저 멀리 동래 읍성 쪽에서 들려
오는 비명과 아우성 소리들이다.
창, 서서히 정신이 돌아오는 듯 고개를 들고, 지율헌을 뛰쳐나간다.

36   N, 금정산 일각/강가 일각

지율헌을 나와 동래 읍성을 향해 뛰기 시작하는 창.
읍성 쪽으로 가까이 갈수록 창의 귓가에 들려오던 소음들, 점차
더욱 커진다.
비명 소리, 울음소리 들이 함께 바람에 실려 들려오고 있다.
산길을 빠져나와, 탁 트인 강가에 서는 창,
믿기지 않는 눈빛으로 강쪽을 바라본다. 그런 창의 시선 좇아가보면..
강 너머 보이는 동래, 여기저기 피어오르는 화염,
이제는 확연하게.. 아니 귀가 아플 정도로 들려오는 사람들의 비
명 소리...
한 폭의 지옥도를 연상시키는 동래를 망연자실 바라보는 창.
쿵.. 믿기지 않는 현실에 모든 힘이 빠진 듯 무너진다.
그렇게 떨리는 눈빛으로 동래를 바라보는 창의 모습에서..

킹덤
3부

KINGDOM

킹덤

1   N, 동래 관아 동헌 마루 밑/마당

어두운 화면 위로 쿵쿵쿵쿵 다급한 발소리들과 비명 소리 들리며 화면 밝아지면 쿵쿵쿵 발소리와 함께 후둑후둑 흙먼지가 떨어지는 대청마루 밑.. 손으로 입을 틀어막은 채 엎드려 숨어 있는 범팔과 아전 1, 2다.
어둠 속에서 밖에서 들려오는 발소리들과 비명 소리. 괴물들의 울음소리만을 듣고 있는 사람들, 더욱 겁에 질리는데..

범팔   (아전들에게 낮은 목소리로) 군관들은 무얼 하는데 아직도 이 난리인 것이냐. 누가 나가서 어찌 되가는지 좀 알아보거라.

그러나 아전들 다들, 범팔의 시선 피하는데..

그때, 위에서 다시 들려오는 우당탕쿵쾅 소리와 함께 누군가가 심하게 밀쳐진 듯, 대청마루 아래쪽으로 떨어진다. 입가가 피범벅이 된 사당패 괴물이다. 순간, 바닥에 떨어진 사당패 괴물과 눈이 마주치는 범팔, 자기도 모르게 "으아악" 괴성을 지른다. 그 입을 틀어막는 아전 1.

그러나 이미 범팔의 소리에 반응한 듯 짐승처럼 포효하며 순식간에 몸을 틀어서 대청마루 아래로 기어들어 오려는 사당패 괴물, 그러나 마루턱에 어깨가 걸리고..

그 모습에 놀란 범팔 일행, 놀라 포복 자세로 다급하게 반대쪽으로 도망치기 시작한다.

마루턱에 어깨가 걸렸지만, 계속해서 앞으로 오려는 사당패 괴물 1, 결국 두두둑! 어깨가 탈골돼 비틀어지며 마루 밑에 들어오는데 성공한다.

팔 하나는 너덜너덜하지만 다른 한 팔로 땅을 짚으며 무서운 속도로 따라붙은 사당패 괴물 1, 결국 가장 뒤쪽 아전 1의 다리를 붙잡아 챈다.

비명을 지르며 물어뜯기고 있는 아전 1을 공포에 질려 힐긋 돌아보던 범팔, 문득 위쪽에서 들려오는 쿵쿵 소리에 올려다보면 머리 위 마루 틈새로 자신들을 바라보고 있는 괴물들의 눈동자. 아전 2 히익 기겁하며 범팔을 뒤로 밀치며 정신없이 앞으로 기어가고, 범팔도 다급히 그 뒤를 따르는데..

앞서가던 아전 2, 다급히 대청마루를 빠져나오는 순간, 몸을 일으키기도 전에 대청마루 위에서 달려든 괴물에게 당하고 만다.

괴물들이 아전 2를 물어뜯는 사이, 재빠르게 마루를 빠져나오는 범팔.

순간 괴물이 되어 뒤쫓아오던 아전 1이 범팔의 옷자락을 잡아채지만 부욱- 옷자락만 찢기고 범팔은 아슬아슬하게 도망친다.

그런 범팔의 모습에서 빠지며 보이는 참혹한 동헌의 광경.

어딜 가나 이를 드러낸 괴물들 천지에 패닉이 되는 범팔.

괴물들을 피해 동헌 중문을 지나는데 옥사 쪽으로 뛰어들어가는 군졸들을 발견하고 '나도 함께 가자!!' 사력을 다해 달린다.

그런 범팔과 교차되며 옥사 쪽에서 뛰어나와 마당 쪽으로 향하는 영신.

중문을 지나자 마자 괴물 하나가 영신을 덮치는데 옆에 떨어진 당파를 들어 휘두르며 괴물들을 밀어버리며 앞으로 전진해 마당에 도착하지만, 이미 손쓸 수 없을 만큼 퍼져버린 역병.

정문 위 외삼문 위 누마루가 시야에 들어온다.

당파로 괴물들을 밀어붙이며 전진하는 영신.

영신   높은 곳으로 올라가!!

그러나 공포에 질려 우왕좌왕하는 사람들, 영신의 목소리가 귀에 들리지 않는 듯 도망만 칠 뿐이다. 그때 저 앞으로 엄마를 잃고 울고 있는 아이.

영신, 한 손엔 당파를 들고 남은 한 손으로 그 아이를 낚아챈 뒤 누마루를 향해 달려간다. 누마루로 오르는 사다리를 잡아당겨 내리는 영신, 아이를 먼저 올리고 자신도 올라간 뒤, 주변의 사람들에게 "이쪽입니다" 외치며 달려오는 사람들을 하나둘씩 올려준다.

2   N, 옥사 안

옥사 안으로 뛰어들어오는 군졸들과 범팔.
안에 갇힌 죄수들 '도대체 뭐지?' 나무 창살을 잡고 밖을 엿본다.
가장 안쪽 감방의 서비 역시 불길한 눈빛으로 뛰어들어오는 사람들을 본다.
옥사 안으로 뛰어들어온 군졸들, 옥사 문을 닫으려 하는데, 순간 밖에서 쾅, 문 안으로 뛰어들던 괴물들의 손이 끼며 문을 닫지 못한다.
군졸들, 문을 닫으려 안간힘을 쓰고 군졸 1과 범팔은 가장 안쪽 서비의 감방 앞으로 뛰어들어온다. 열쇠 꾸러미를 쥔 군졸 1, 덜덜 떨리는 손으로 감방 자물쇠를 열려고 하는데, 좀처럼 열쇠가 맞지 않는다.

범팔 빨리, 빨리 좀 해라! 빨리!

그때, 쾅 열려버리는 옥사문. 괴물들이 옥사 안으로 뛰어들며 군졸들을 물어버리며 아수라장이 되는 옥사 안. 감방 안에서 나무창살을 잡고 구경하던 죄수 1 역시 몰려든 괴물에게 붙잡혀 손이 물리고 곧바로 괴물로 변하며 죄수 1이 있는 감방 안도 난리가 난다. 그때 겨우 서비가 있는 감방 문을 여는 데 성공하고 안으로 뛰어

들어가는 군졸 1과 범팔. 군졸 1, 다급히 문을 닫고 자물쇠를 잠그는데, 뒤따라온 괴물들 나무 창살 사이로 군졸을 잡고 목을 물어뜯는다. 놀라서 그런 모습을 보는 서비와 범팔. 경련을 일으키며 쓰러져 죽는 군졸. 놀라서 범팔의 허리춤의 칼을 빼드는 서비. 죽은 군졸, 손가락이 까닥까닥 움직이기 시작하다가 번쩍 눈을 뜨고 괴물로 변해 달려들려는데, 서비, 눈을 질끈 감고 그런 군졸을 칼로 찌른다. 운 좋게 목에 찔리는 칼. 그르르 소리를 내며 숨지는 군졸. 범팔, 피묻은 칼을 든 서비를 놀라 바라본다.

안도의 한숨을 내쉬기도 전에 나무 창살 너머로 미친 듯이 달려들기 시작하는 괴물들.

서비, 범팔이 있는 옆 감방에는 2인용 칼을 함께 찬 죄수 2, 3.

그 옆은 난리가 난 죄수 1이 있는 감방. 모두가 괴물로 변해버렸다. 2인용 칼을 찬 죄수들을 나무 창살 너머에서 노리는데 죄수 1쪽 감방에 앉은 죄수 2가 손을 물려버린다.

경련을 일으키며 숨진 죄수 2, 곧이어 짐승 소리를 내며 괴물로 변하고 나란히 칼에 묶여 있는 죄수 3을 뜯어 먹으려 안간힘을 써보지만 칼로 인해 물 수가 없다.

으아악! 도망도 못 가고 코앞의 죄수 2 괴물 때문에 공포에 질려 비명을 질러대는 죄수 3.

서비와 범팔, 최대한 벽면에 붙어 옥사 안에 가득한 괴물들을 공포에 찬 눈빛으로 본다.

3   N, 외삼문 누마루

누마루 위의 영신, 계속해서 밑에 있는 사람들을 구조시키고 있는데..

그걸 본 사람들 누마루 밑으로 몰리기 시작하며 부서지는 사다리.

영신, 그럼에도 사람들을 구조하려 몸을 밑으로 내려 손을 내미는데 우왕좌왕하는 중에도 어떡하든 그 손을 잡으려고 튀어오르는 사람들.

그러나 잡지 못하고 다시 떨어지는데, 순간 어디선가 튀어나와 영신의 손을 향해 튀어오르는 괴물. 아슬아슬하게 피하는 영신.

사색되어 아래를 보면 하나둘씩 괴물들에 의해 당하는 사람들.

그때 들려오는 말발굽 소리. 말을 타고 빠르게 외삼문을 지나 동래 읍성으로 빠져나가고 있는 이방과 군관 1, 2다.

4   N, 동래 읍성 일각

관아를 빠져나오는 이방과 군관들의 말을 쫓기 시작하는 괴물들.

그중 가장 마지막에 달리던 군관 2의 말을 따라잡는 괴물.

군관 2를 낚아채고 군관 2, 괴물들에게 당하고 만다.

더욱 속도를 높이는 이방과 군관 1. 결국 괴물들의 사정권 밖으로 벗어나고, 말을 쫓던 괴물들. 영문을 모르고 밖을 쳐다보던 평민들을 공격하기 시작하면서 동래 이곳저곳으로 퍼져간다.

5 N, 양반가 외곽

고래등 같은 양반가 외곽. 만취한 원임 병마 절도사, 대문 앞에 도
착한 연에서 내리지도 못할 정도로 해롱거리고 있다. 청지기부터
하인 몇 명이 달라붙어 몸을 가누지 못하는 절도사를 부축하고 있
는데 저 멀리에서 들려오는 사람들 비명 소리에 굉음 소리들. 보
면 하나둘씩 나타나 이쪽을 향해 뛰어오고 있는 괴물들이다. 하인
들, '어어!' 놀라 겁을 먹고 물러서는데..
술 취한 절도사, 뛰어오는 괴물들 중 기생 복장의 괴물을 보자 두
팔을 벌려 "명월아! 니가 왔구나!" 다가가다가 기생한테 물려버린다.

6 N, 양반가 안채

밖에서 들려오는 비명과 굉음에 "웬 소란이냐" 외치며 대청마루
로 나서는 꼿꼿해 보이는 노마님과 노마님을 부축한 체형 좋은 침
모. 순간 밖의 광경을 보고 멈칫.
괴물이 된 절도사가 바닥에 넌 하인을 물어뜯고 있는 뒷모습.
그 옆에는 "왜 이러십니까" 벌벌 떨며 뒤로 물러서서 그 모습을
지켜보고 있는 다른 하인들.

노마님   아드님이 술을 많이 드셨느냐?
침모   아무래도 이상합니다.

그런데, 순간 고개를 드는 절도사, 또 다시 포효하며 다른 하인들

을 공격하기 시작한다. 노마님 놀라 그 모습을 바라보는데 당하기
만 하던 하인들 중 한 명 어쩔 수 없이 절도사를 밀쳐버리자

노마님   네 이놈!! 감히 천것이 무엄하게 주인을 치다니!!

그런데 순간 그 소리에 이쪽을 향해 공격하러 달려오기 시작하는
괴물들.
눈치 빠른 침모, 노마님을 둘러업고 달리기 시작한다.

7   N, 나루터

배 위를 정돈하는 사람들, 요란한 말발굽 소리에 언덕을 바라보
면, 빠르게 달리는 이방과 군관 1이 탄 말들이다. 그 뒤를 이어 누
군가 뛰어온다. 그 광경을 의아한 듯 바라보던 뱃사람 1, 뛰어오는
누군가를 보고

뱃사람 1 어, 박 가네. 어이 박 가야! 어딜 가? 일루 와봐!!

하며 박 가를 부르는데, 점점 다가오는 박 가, 괴물의 형상이다.
그 뒤를 이어 많은 수의 괴물들이 언덕을 넘어 이리로 달려오고
있다.
'뛰여, 뛰여..' 뱃사람 1, 뒤늦게 위기감을 느끼고 배로 도망쳐보지
만 이미 괴물들에게 따라잡혔다. 하나 둘씩 점령당하는 배.

그 옆쪽 배 역시 상황은 마찬가진데.. 횃불을 들고 반항하는 뱃사람. 멀리서 배들을 비추는데 하나 둘씩 화염에 휩싸이기 시작한다.

8   N, 움막촌 인근 골목 일각/움막촌

움막촌과 가까운 골목.
저 멀리 동래 쪽에서 화염이 타오르고 비명 소리가 들려오지만, 그런 소리는 들리지도 않는 듯, 골목에 위치한 빈집 광을 뒤져 보자기 안에 든 생고구마를 훔쳐 먹고 있는 아이들.
그런 아이들 뒤쪽으로 다가서는 기이한 움직임의 그림자.
아이들, 다른 누군가가 자기들 음식을 뺏으러 온 줄 알고, 더욱 입안에 쑤셔넣는데 다가오는 그림자, 괴물로 변한 덕호다.
순간 아이들에게 달려드는 덕호. 아이들, 고구마를 뺏기지 않으려 높이 쳐드는데 그런 아이의 어깻죽지를 물어버리는 덕호.
"으아아악!!" 비명을 지르는 아이.
덩치 큰 아이 한 명이 놀라 덕호를 밀쳐내는데, 아이의 어깨에서 피가 흐른다. 한쪽으로 밀려버린 덕호, 고개 드는데 입가가 온통 피범벅이다.
놀라서 그런 덕호를 피해 도망치는 아이들,
덕호, 그 뒤를 쫓기 시작한다.
아이들, 움막촌으로 뛰어드는데 그 뒤를 쫓는 덕호.
순간, 움막촌 다른 방향에서 뛰어나오는 어른 괴물.
아이들을 낚아채고, 사방팔방 움막촌으로 뛰어드는 괴물들.

힘없이 무너져 내리는 움막들.

-사람들의 비명을 듣고 뛰어나온 약초꾼 김 씨, 사람들을 덮치는 괴물들을 보고 놀라 집 안으로 들어가 자신의 늙은 아비를 어떻게 든 움막 안으로 숨긴다.

그런 김 씨 뒤를 덮치는 괴물들. 몇 명과 주먹질을 하다가 움막 쪽 으로 쓰러지는데.. 상체는 움막 안, 하체는 움막 밖에 있는 상황에 서 하체가 물어뜯기고 만다.

곧이어 괴물로 변해버린 김 씨, 움막 안에 몸을 반쯤 걸친 채로 눈 을 뜨면.. 제일 먼저 시선에 들어온 건 벌벌 떠는 자신의 늙은 아비.

아버지를 덮치는 아들 괴물.

건너편 집에서 아이의 비명 이어지고..

-또 다른 움막 안 작은 덕이를 나무로 만든 농 안에 넣는 덕이 엄 마, 팔에 피가 흐른다. 이미 물렸다.

덕이 엄마 덕아, 여기 있어. 엄마가 동생 찾아올게. 나오면 안...

하는 순간, 시작되는 경련. 경련 끝에 숨진 엄마는 기이한 동작과 함께 괴물로 변한다. 농 안의 덕이, 그 모습에 놀라 '쾅' 농문을 닫 아버린다.

그런 농을 어떻게든 열려는 덕이 엄마. '쾅' '쾅' '쾅' 밖에서 농문 을 열려는 소리에 농 안의 덕이는 겁에 질려 눈물이 그렁그렁한데 그때 밖에서 겁에 질려 뛰어들어오는 덕이의 동생.

"엄마!!" 부르자 그 소리에 방향을 트는 엄마 괴물, 크르르거리며 동생에게 다가간다.

덕이 동생 엄마, 왜 그래. 무서워. 엄마. 하지 마. 하지 마, 엄마.

"으아악" 찢어지는 듯한 덕이 동생의 비명 소리 이어진다.

9   N, 강가 일각

강가 너머에서 일렁이는 화염을 바라보는 창의 눈빛.
강 건너편 움막촌 역시 우왕좌왕 도망치던 사람들, 거의 다 괴물로 변하는데 그런 모습을 지켜보던 창의 어깨에서 범일과 싸움에서 입은 상처에서 흐르는 피. 순간, 강 건너편의 괴물들, 창 쪽을 바라보다가 강을 가로지르는 다리를 건너 창에게 뛰어오기 시작한다.
퍼뜩 정신이 나는 창. 뒷걸음질 치다가 괴물들이 넘어오는 다리 반대편으로 뛰기 시작한다. 그 뒤를 미친 듯이 쫓는 괴물들.
창, 강가를 따라 뛰는데, 저 앞쪽으로 길이 끊겨 있고, 좁은 나무 다리 하나가 놓여 있다. 괴물들을 피해 다리를 건너는 창. 그 뒤를 쫓는 괴물들.
아슬아슬, 창, 잡힐 듯한데 순간, 강 건너편에서 날아오는 화살, 창을 잡으려던 괴물 하나를 적중시킨다. 뒤이어 계속해서 날아오는 화살들.

다리 건너편 쪽에서 말을 타고 달려오는 무영이다.

창, 그런 무영을 보며 더욱 속도를 높여 뛰어가는데, 순간 무영의 뒤쪽에서 날아오듯 덮치는 괴물.

활을 쏘느라 양손을 놓고 있던 무영, 놀란 말 등 위에서 떨어지고..

그런 무영을 덮치는 괴물. 무영 놀라 바라보는데, 순간 괴물의 머리가 잘린다. 어느새 다리를 건너온 창이다.

다급히 무영을 일으켜 세우는 창. 여기저기서 튀어나오는 괴물들.

괴물들을 피해 뛰기 시작하는 창과 무영.

앞을 가로막는 괴물의 머리를 잘라버리며

창   이들은 머리를 노려야 한다.

그 말에 달려드는 또 다른 괴물의 머리를 잘라버리는 무영.

그때 읍성 쪽에서 우왕좌왕 동래를 탈출해 뛰어나오는 백성들.

괴물들의 습격을 받기 시작한다.

그때 저 멀리 강가 옆에 지어진 군영의 높은 목책을 발견하는 무영.

무영   저하! 군영입니다! 군영으로 가셔야 합니다!

군영을 향해 달리는 창과 무영.

그 뒤쪽 살아남은 백성들 역시 괴물들을 피해 군영으로 뛰기 시작한다.

군영을 둘러싼 높은 나무로 만들어진 목책벽 앞에 다다르는 창과
무영.
그 뒤를 이어 속속들이 도착하는 백성들.
그러나 군영 문은 굳게 닫혀 있다.
군영 문을 두드리기 시작하는 무영.

무영   문을 열어라! 아무도 없느냐!

창, 뒤를 돌아보는데 이쪽을 향해 죽기 살기로 뛰어오는 백성들
뒤를 따라 괴물들이 쫓고 있다. 창, 역시 위기감을 느끼고 문을 두
드리며

창   문을 열어라!! 어서!!

그러나 여전히 안에서는 아무 소리가 들려오지 않는다.
점점 더 군영 문 앞으로 몰리기 시작하는 백성들.
안절부절 공포에 질려 "살려주십시오" "살려주십시오" 울부짖고,
그런 백성들의 품에 안긴 아이들 역시 울음을 터뜨리는데..
여전히 열리지 않는 문.
창, 어쩔 수 없다는 듯 아슬아슬 미끄러지면서도 군영을 둘러싼
나무 벽을 오르기 시작하고.. 그 모습을 본 백성들도 너도나도 할
것 없이 목책벽에 달라붙기 시작한다. 많은 사람들이 몰리자, 두

꺼운 나무로 된 목책이 끼이익 소리와 함께 기우뚱 하고..

그 순간, 벽면을 오르려는 창의 뺨을 스치듯이 지나가는 화살.

놀라서 벽면을 잡은 손을 놓치고 땅에 떨어져버리는 창.

무영, 놀라서 "저하!" 부르며 창에게 달려간다.

도대체 어디서.. 놀라 위를 바라보면 어느새 목책 위에 일렬로 서서 창과 백성들을 향해 활시위를 당기고 있는 군사들이다.

그 옆에는 관아를 빠져나갔던 이방과 군관 1.

이방   (괴물들에 대한 공포에 떨리는 격앙된 목소리로) 내려가지 못하겠느냐!
        누구라도 이 벽을 넘으려는 자는 국법으로 다스릴 것이다!

아직도 목책에 매달려 있던 백성들 중 한 명

백성1   살려주십시오!

하는데, 또다시 기우뚱하는 목책벽.

이방   (패닉이 돼서 군사들에게) 쏴라! 뭐 하느냐! 쏴라!

순간, 백성들에게 쏟아지는 화살 비. 화살에 맞고 떨어지는 백성들.

아래에 있던 백성들 중에도 화살에 맞고 하나 둘씩 쓰러지는데..

그때, 목책 뒤쪽의 백성들을 덮치기 시작하는 괴물들.

괴성과 비명, 울음소리로 뒤덮이는 목책 밖.

패닉이 된 창에게도 덮치는 괴물. 옆에서 그 괴물을 베어버리는 무영. 창을 일으켜 세워 뛰기 시작한다. 목책을 따라 뛰어가는 창과 무영에게 덤벼드는 괴물들. 금방이라도 괴물들에게 잡힐 듯하다. 그런데 창과 무영이 뛰어가는 길, 강과 맞닿아 있는 막다른 길이다. 다시 돌아갈 수도 없는 상황. 무영, 다급히 창을 바라보며

무영   저하! 뛰십시오!

잡힐 듯 잡힐 듯 아슬아슬 창과 무영을 뒤쫓는 괴물들. 금방이라도 어깨를 잡아챌 듯한 순간 강물과 맞닿은 낮은 언덕 위에서 강물로 뛰어드는 창과 무영. 혁혁대며 뒤돌아 강가를 바라보는데, 강가까지 자신들을 쫓아왔던 괴물들, 또 다른 먹이를 쫓아 흩어지기 시작한다. 무영, 주변을 둘러보다가 작은 바위섬 쪽을 보며

무영   저쪽입니다.

바위섬을 향해 수영을 해 가는 두 사람. 바위섬 위에 올라서서 동래 쪽을 바라본다. 무영, 아직도 믿기지 않는.. 공포와 충격에 빠진 눈빛으로 괴물들이 가득한 동래를 바라본다.

무영   그 의녀의 말이.. 맞았습니다.. 도대체 어찌 저런 일이...

창, 오늘 겪은 모든 일들이 떠오르는 듯, 공포에 젖었던 눈빛에 혼

란과 번민, 괴로움이 떠오르기 시작한다.

그저 괴물로 변해가는 백성들을 무력감에 빠져 바라만 볼 뿐이다.

11   N, 한양, 강녕전, 왕의 침소

울렁거리는 촛불 아래, 어딘가를 가만히 내려다보고 있는 조학주,

그 옆에는 역시 눈빛을 반짝이며 바라보고 있는 계비.

두 사람의 시선 좇아가면 핏물로 물들고 있는 하얀 이불 위, 짐승 같은 소리를 내며 궁녀의 인육을 탐하고 있는, 한쪽 팔이 묶여 있는 왕이다. 그 옆에는 내금위들이 칼을 빼들고 대기하고 있고..

조학주   복중의 아기씨는 이 나라의 왕이 되실 분입니다.

그러니 잘 봐두세요. 힘없는 왕의 말로가 어떤 것인지 잘 가르쳐 드려야죠.

일렁이는 촛불 아래, 가만히 왕을 바라보는 계비의 반짝이는 눈빛.

조학주   (내금위들을 바라보며) 새로운 세자 저하가 태어날 때까지..

전하께서 드실 것, 마실 것 부족함 없이 잘 뫼셔야 할 것이다.

내금위들, 말없이 고개를 숙여 조학주에게 목례를 한다.

그런 왕의 침소, 창문 너머 새벽의 미명이 내려앉기 시작한다.

서서히 스며드는 햇빛에 궁녀의 인육을 탐하던 왕, 두려운 눈빛으

로 고개를 들며 빛이 없는 곳으로 물러나기 시작한다.

그런 모습을 지켜보던 조학주, 내금위들에게 눈짓을 준다.

익숙한 듯, 궁녀의 시신을 검은 보자기로 덮는 내금위들.

그런 모습을 바라보던 계비. 자신의 치마를 바라보는데, 치마에 핏방울이 점점이 번져 있다.

12   D, 몽타주

-시간이 지난 동래 관아 경내.

외삼문 누 위로 더욱 몰려드는 괴물들. 그런 괴물들의 울부짖음과 소리에 귀를 막고 있는 백성들. 그런 백성들 앞에서 괴물들을 바라보고 있던 영신, 순간 하늘을 바라보는데 푸르게 밝아지고 있다.

-양반집 광. 넘쳐나는 식량들이 가득 들어 있는 광 안. 노마님과 침모를 위시한 하인들, 광 안에 숨어 있다. 광문 너머로 들려오는 소음.

그러나 노마님은 끄떡도 않고 정자세로 앉아 있는데 광에 난 창문 너머로 푸른빛이 스며들며 소음이 갑자기 사라진다.

-동래 관아 옥사 안.

괴물들로 가득한 옥사 안을 비추는 화면.

2인용 칼을 쓴 죄수 3, 밤새 괴물로 변한 죄수 2에게 시달린 듯 지쳐, 혼절한 듯 졸고 있고..

가장 안쪽의 감방에서 칼을 든 서비, 범팔 역시 뒤로 최대한 물러서 있는데..

밤새 안으로 들어오려는 괴물들로부터 서비와 범팔을 지켜준 감방의 나무 창살이 삐걱삐걱 소리를 내며 흔들리고 있다.

범팔은 이제 죽었다 싶은 얼굴로 눈을 질끈 감고 더욱 서비의 등 뒤로 숨는데 그때, 옥사 안을 비추기 시작하는 햇살.

순간, 햇살이 만드는 그림자를 따라 마치 빛에 밀려나듯이 순식간에 옥사 안에서 사라지기 시작하는 괴물들.

-동래 읍성 또 다른 경내.

밤새 무너지고 부서진 읍성 건물 사이 역시 서서히 비추는 햇살이 다가서자, 어둠 속에 있던 괴물들. 빛이 없는 대청마루 밑, 문 열린 창고 안 물건들 틈 사이 등으로 뒤엉켜 숨어들어간다.

13   **D, 한양, 강녕전**

환한 햇살 속에 깨끗하게 정리된 침전 안.

새로운 의복을 입은 왕이 죽은 듯 누워 있고 그 옆으로 겁에 질린 궁녀 하나가 내금위의 감시하에 왕의 변색된 피부에 하얀 분을 바르고 있다.

14   **D, 한양, 중궁전**

화려하게 치장된 침소로 중궁전 상궁과 함께 들어서는 계비.

방바닥을 사각사각 스치며 걸어 들어가던 계비, 순간 멈춰 서서

계비   옷이 더러워졌네.

중궁전 상궁   (공손한) 새 옷을 준비하겠습니다.

15   **D, 중궁전 전각 함실**

어두컴컴한 지하 함실로 내려오는 중궁전 상궁, 팔에 계비가 걸치고 있던 옷가지들이 걸려 있다.

아궁이를 지키던 무수리들, 일제히 긴장한 얼굴로 일어나 예를 갖춘다.

중궁전 상궁   잠시 나가 바람이나 쐬거라.

그 소리에 목례를 한 뒤 함실을 빠져나가는 무수리들.

활활 타오르고 있는 아궁이 쪽으로 천천히 다가가는 상궁.

자신이 들고 온 옷가지들을 본다.

아궁이 옆으로 난 창문 너머로 들어오는 햇살에 선명하게 남은 치마폭의 핏자국. 그런 치마를 보다가 아궁이에 던져 넣는다.

그리고 다시 팔에 걸치고 온 계비의 하얀 속치마를 바라보는 상궁의 시선.

하얗디하얀 속치마 한편에 흐릿하게 비쳐 있는 작은 핏자국.

가만히 그런 속치마를 내려다보던 상궁. 역시 속치마도 아궁이에 던져 넣는다.

넘실거리며 더욱 타오르는 아궁이를 가만히 바라보는 상궁의 모습.

16   D, 동래 읍성 일각

해가 완전히 뜬 아침. 텅 빈.. 그러나 어젯밤 악몽의 생채기가 그대로 남아 있는, 피바다가 된 동래 읍성으로 천천히 겁먹은 표정으로 주변을 두리번거리며 들어서는 덕이. 저 멀리에서 들려오는 부스럭하는 소리에 소스라치게 놀라서 뒤로 물러서는데.. 보면 읍성 한 초가집 지붕 위 그 위에 숨었다가 살아난 듯, 고개를 드는 백성 1과 부인이다.

서로를 그저 멍하니 바라보는데.. 멀리서 들려오는 말발굽 소리.

보면 군영에서 살아남은 이방과 군관들. 수십 명의 군사들을 대동하고 두리번거리면서 동래 읍성 내부로 들어서고 있다. 그 뒤쪽으로 하나 둘씩 나오는 겁먹은 눈빛의 극소수의 생존자들. 본능처럼 그런 군사들을 따라 관아를 향해 한 발자국씩 따른다.

17   D, 동래 관아 동헌 마당

아직도 겁에 질린 얼굴로 서비 뒤에서 천천히 동헌 앞마당으로 걸

151

어 나오는 범팔. 외삼문 위쪽에 있던 영신을 비롯한 사람들도 천천히 내려오기 시작하는데..

외삼문을 통해 관아 내로 들어서는 이방 일행.

이방, 범팔의 모습을 보자, 빛의 속도로 말에서 내려 범팔에게 다가와 무릎을 꿇으며

이방　부사 나으리! 무사하셨습니까!

범팔　(이방을 보자 갑자기 감정이 울컥하는 듯) 도...도대체.. 어디에 갔다 이제야 나타나는 게냐!

이방　부사 나으리를 구하려 군사들을 모아 왔사옵니다!

범팔　(기가 막힌) 지금 와 나를 구해? 내.. 내가.. 무슨 꼴을 당했는데..
(서비를 가르키며) 이 의녀가 아니었다면, 난 어젯밤 죽었을 것이다!

이방, 범팔의 노기 서린 눈빛을 보자.. 주변을 빠르게 두리번거리다가 영신을 발견하고

이방　(영신을 가리키며) 저.. 저자! 모두 저자가 잘못한 것입니다!
(주변의 군관들에게) 뭣들 하느냐. 당장 저자를 붙잡아라!

영신, 차가운 눈빛으로 이방을 보는데 군관들, 다가와 영신의 양팔을 잡고 무릎을 꿇린다.

외삼문 밖으로는 계속해서 하나둘씩, 살아남은 생존자들이 모이며 그런 모습을 지켜보고 있고.. 그들 중 가장 앞쪽으로 나서는 비단옷을 입은 양반들.

이방	(범팔에게) 이자는 그... 그 괴이한 것들의 정체를 알고 있으면서도 숨긴 게 분명합니다!

그런 이방을 바라보는 영신의 차가운 눈빛.

영신	말하지 않았습니까. 저들은 죽지 않았다고.
이방	저.. 저것이, 뭘 잘했다고..
범팔	(영신을 보며)이방의 말이 맞다. 대답해라. 도대체 그 괴물들은 무엇이며, 어디서 나타난 것이냐!

그때, 범팔의 뒤쪽에 있던 서비, 앞으로 나서 영신의 옆에서 무릎을 꿇고는

서비	그들은 지율헌에 있던 병자들과 식솔들이었는데 지독한 배고픔을 이기지 못하여 인육을 먹은 뒤 밤에는 사람의 살과 피를 탐하는 괴물이 되고, 아침이 되면 빛이 들지 않는 곳으로 몰려가 시신처럼 잠이 들었습니다.

인육을 먹었다는 얘기에 기가 막힌 얼굴이 되는 범팔과 사람들.

범팔	이... 인육을? 어찌 그런 일을 할 수 있단 말인가..
이방	그런데 왜 그들을 가만 둔 것이냐! 잠들었을 때 묻던지 어떻게든 치워버렸어야지. (범팔에게) 당장 이자들의 죄를 물어야 합니다!

영신   내 죄를 묻는 거야 상관없지만, 그전에 시신들을 처리하는 게 급하지 않습니까? 또다시 해가 지면, 더 많은 괴물들이 몰려올 겁니다.

범팔과 이방, 모인 사람들 모두의 시선, 흔들린다.

영신   묻어봤자 흙을 파헤치고 나올 거예요. 목을 자르거나 태워버려야 합니다.

그때, 동헌 입구 쪽에 서 있던 양반들 중 하녀의 부축을 받으며 이 모습을 지켜보던 노마님. 노기 띤 얼굴로

노마님   시신을 태우다니! 누구 맘대로 태운단 말인가!

사람들, 노마님을 바라보다가 그제야 알아보고 허리 굽혀 인사를 올린다.
이방, 노마님을 몰라보는 범팔에게 낮은 목소리로

이방   원임 병마 절도사 어르신의 어머님이십니다.

범팔, 다시 노마님을 보는데, 하녀의 부축을 받으며 다가오는 노마님.

노마님   신체발부 수지부모거늘.. 삼대독자 귀하디귀한 내 아드님 시신에 털 하나라도 건드린다면 내 가만두지 않을 거네.

그 뒤쪽에 서 있는 양반들 중 중년의 남자 양반 1도 노기 띤 얼굴로

양반 1   나도 내 가족들 시신을 건드린다면, 절대 가만있지 않을걸세!

노기에 부들부들 떨고 있는 노마님과 양반들을 난감한 기색으로 바라보는 범팔.

이방   저 말씀들이 맞긴 합니다. 양반은 사람을 죽이는 중죄를 지었다 해도 왕실의 허가 없이는 그 죄를 물을 수 없습니다.
하물며 그 시신을 태운다면 지체 높은 분들의 반발이 심할 것입니다.

범팔   그럼 어쩌란 말인가.

이방   일단 천것들은 태워버리고, 사대부의 시신은 예법대로 장례를 치른 뒤 깊이 묻어버리는 것이 어떻겠습니까?

범팔   그 많은 시신들 사이에서 양반과 천것을 어찌 다 골라낸단 말인가.

이방   일단 비단옷을 입은 시신과 누더기를 입은 시신으로 나누면 되지 않을까요?

범팔   좋은 생각일세.

그때, 동헌 입구 쪽에 서 있는 사람들 사이에서 들려오는 창의 목소리.

창(소리)   백성들의 안위를 돌봐야 할 관리들이 이리도 무능한가..

서서히 백성들 사이에서 안으로 걸어 들어와 앞에 서는 창, 그리

고 그 뒤의 무영. 사람들, 도대체 누구지? 하고 바라보는데..

뚜벅뚜벅 분노한 굳은 얼굴로 걸어 들어서는 창, 다가와 말릴 틈도 없이 이방의 얼굴에 한 방을 날려버린다. 사람들, 놀라서 바라보는데..

이방, 한 방 먹은 기세에 땅에 넘어져 기가 막힌 얼굴로 창을 바라보며

이방   도대체, 뉘신데 이 행패요!

하며 일어서려는데, 검을 빼들어 이방의 목에 겨누는 창.
주변 군관들, 놀라서 나서려는데, 검을 빼들며 앞을 가로막는 무영.
범팔은 창을 보는데, 낯이 익은 듯 갸웃하는

창   무능하기만 한가. 악독하기 그지없다.
       어제 네가 무슨 짓을 했는지 정녕 모르느냐!
       네가 군영 문을 걸어 닫아 죄 없는 백성들이 무수히 죽었다.

이방   만약 그 문을 열었다면, 병사들이 위험했을 것이오!

창   그뿐인 줄 아는가!

창, 더욱 싸늘한 시선으로 이방에게 겨눈 검에 힘을 준다. 가느다란 핏줄기가 배어나온다. 군관들, 위기감에 더욱 앞으로 나서는데, 무영, 검을 곧추세우는..

무영   한 발자국만 더 움직이면, 목이 날아갈 것이다.

창, 분노한 시선으로 이방을 바라보다가

창 감히 나에게 활시위를 겨누고도 살아남을 줄 알았느냐.
  삼족을 멸하고 선묘를 부관참시해도 씻기지 않을 역모 죄다.

옥패를 꺼내 범팔을 비롯한 사람들에게 던지는 창.
그런 옥패를 보다가 깜짝 놀라 창을 바라보는 범팔.

범팔 사... 사조룡... 설마..

범팔, 옥패와 창을 번갈아 보다가 드디어 창을 알아보는 듯 사색
이 되어

범팔 세.. 세.. 세자 저하를 뵈옵니다!!

그 소리에 놀라서 범팔을 바라보는 이방, 군관, 사람들.

범팔 (멍하니 서 있는 사람들을 향해) 무엇들 하는가!
  이 나라의 세자 저하시네!

군관들을 비롯한 양반들, 그런 범팔의 말에 사색이 되어 믿기지
않는 얼굴로 무릎을 꿇고.. 동헌 앞 백성들 역시 그 소리에 놀라
보다가 '세.. 세자 저하..'
'저하가 우리를 구하려 오셨네' 눈가에 눈물이 고이며 너도 나도

무릎을 꿇는다. 무릎을 꿇은 이방, 사색이 돼서 바들바들 떨기 시작하는데 그런 이방을 보다가 겨눈 검을 차갑게 거두는 창.

창   당장 죽여도 시원치 않으나, 손 하나도 부족한 마당이니, 난리를 수습한 뒤에 너의 죄를 물을 것이다.

그런 창을 바라보는 영신의 눈빛.
창, 자신을 향해 엎드려 있는 사람들을 향해

창   현재 남아 있는 병력은 얼마인가?
군관1   오십뿐이옵니다.
창   턱없이 부족하구나. 가장 가까운 군영은 어디냐?
군관1   다대포진과 부산포진, 경상좌수영이 있습니다.
창   당장 사람을 보내 피해 상황을 알아보고, 그곳의 모든 병력을 동원해 당장 시신들을 수색하라.
발견 즉시, 태워버려야 할 것이다.

창의 얘기를 듣는 노마님과 사람들, 낯빛이 변하는

노마님   안 될 말입니다!
창   (단호하게 말 끊는) 가족들을 잃은 그대들의 참혹한 심정을 모르는 바 아니지만 반드시 태워버려 후환을 없애야만 한다.
또한 봉화와 파발을 띄워 이 상황을 알리고, 지원 병력을 요청해 동래를 다른 지역과 격리시켜야 할 것이며, 각 부둣가에 정착된

배들을 수리하여 살아남은 무고한 백성들을 어서 안전한 곳으로 이동시켜야 할 것이다.

범팔, 다시 한 번 팔 들어 엎드리며

범팔   동래 도호부 부사 조범팔. 세자 저하의 명을 받드옵니다!

"세자 저하의 명을 받드옵니다!" 엎드려 복창하는 아전, 군관들, 백성들을 바라보는 창.

18   **D, 몽타주, 동래 읍성 일각**

-동래 황령산 봉화대, 긴장한 표정의 봉화꾼들, 봉화를 피우고 있다. 파란 하늘 아래 타오르기 시작하는 두 개의 불길.
저 멀리 구봉 봉수대를 바라보는 봉화꾼들. 구봉 봉수대에서도 봉화를 받아 또다시 두 개의 불줄기가 피어오른다.

-동래 읍성을 빠져나가는 전령을 실은 파발마들.
-여기저기 무너지고 부서진 대갓집 마당으로 들어서는 군사들.
부엌으로 들어서서 아궁이 쪽을 바라보는데 아궁이에 튀어나와 있는 열몇 개의 손들. 두려움이 깃든 눈빛으로 들여다보면 아궁이 안에 마구 겹쳐져 있는 시신들.

-평민들이 사는 초가집. 불에 그슬리고 여기저기 무너지고 부서진 집 여기저기를 둘러보는 군사들. 무너진 외양간 나무를 들어보는데, 그 아래 보이는 시신들의 얼굴들.

-동래 관아, 동헌 앞마당.
마당 중앙, 수색 중 찾은 시신들이 산처럼 쌓여 있고 그 옆에는 수레에 싣고 온 시신들을 다시 쌓는 군사들.
또 다른 곳에서 수레에 실은 시신들을 다시 가지고 오는 또 다른 군사들.
쌓여가는 시신들을 망연자실한 눈빛으로 통곡하며 바라보는 사람들.
새로 수레에 싣고 온 시신들 중 보이는 원임 병마 절도사의 시신.
사람들 사이 노마님을 부축하며 섰던 침모. 절도사의 시신을 발견하고 "나으리!" 하며 울음을 터뜨리고.. 그런 침모 옆에서 아들의 시신을 바라보는 노마님의 눈빛, 부들부들 떨려온다.

19   **D, 한양성 외경**

20   **D, 주막**

평상에 앉아 식사 중인 평범한 행인들.
그 사이 주막에 딸린 방 앞 평상에 앉아 있는 교리들. 주막 안으로 들어서는 병조판서를 보자 일어나 예를 갖춘다.

병판   (주변을 힐굿 보며) 대제학 대감은?

교리1   안에서 기다리고 계십니다.

병판   (마뜩잖은) 대감의 체면을 보아오긴 했지만, 역모 때문에 뒤숭숭한 판국에 이런 곳에서 남몰래 만나는 건 좋지 않아 보이네만..

교리2   꼭 드려야 할 말씀이 있어 모셨습니다. 들어가시지요.

21   **D, 주막 방 안**

방 안에 마주앉아 있는 병판과 대제학. 교리들.

병판   (놀라는) 그게 무슨 소립니까? 강녕전에서 시신들이 나와요?

대제학   강녕전에 괴사가 있는 것이 확실합니다. 그것을 조학주 대감이 우리에게 숨기고 있는 거예요.

병판   (혼란스러운)

대제학   대감이 조학주 대감의 사람이라는 걸 압니다. 허나, 그래도 대감은 시시비비를 아시는 분이라고 생각해서 말씀드리는 겁니다.

병판   믿을 수 없습니다.. 그럴 리 없어요.

대제학   진실을 확인할 수 있는 방법은 하나뿐입니다.

병판   (보는)

대제학   강녕전으로 갑시다. 가서 전하를 직접 뵙고 그 안위를 확인하면 모든 게 확실해질 겁니다.

병판   강녕전 출입을 엄금하라는 중전마마의 명이 계셨습니다.

대제학   우리가 모시는 왕은 중전마마가 아니라 전하십니다.

병판   …(망설이는)

대제학   안현 대감도 우리와 함께하실 것입니다.

병판   (놀라는) 안현.. 그 안현 대감 말입니까?

22   D, 상주 야산 일각

반짝거리는 낙동강이 내려다보이는 산세 좋은 야산 중턱.
어머니의 묘지 앞에서 상복을 걸친 채, 복지부동하고 있는 안현의
뒷모습.

대제학(소리) 노모의 삼년상 중이라 고향 땅에 웅크리고 계시지만, 그분이
움직인다면 경상 땅의 모든 유림과 백성이 그 뒤를 따를 것입니다.

그때 저 멀리 보이는 상주 인근의 봉화대에서도 피어오르는 봉화.
엎드려 있던 안현, 천천히 몸을 일으키기 시작한다.
엎드려 있었을 땐 왜소해 보이던 안현이지만, 태양빛에 역광으로
보이는 그의 뒷모습은 태산 같은 거구다.
우뚝 서서 타오르는 봉화를 바라보는 거친 안현의 뒷모습에서..

23 　D, 조학주의 방

책상에 앉아 있는 조학주에게 보고를 하고 있는 내금위 1.
내금위 1, 서신 한 장을 조학주에게 바친다.

내금위1 　대제학 대감의 주변을 감시하다가 하인 한 명이 급히 빠져나가길
　　　　래 수색을 했더니 나온 것입니다. 상주의 안현 대감에게 보내려던
　　　　편지입니다.

조학주 　(비웃는 듯한) 그래, 책만 읽는 양반이 내게 맞서려면 안현 대감의
　　　　힘이 필요했겠지.

내금위1 　어찌할까요?

조학주 　..내버려두거라.

내금위1 　괜찮으시겠습니까? 안현 대감은 3년 전 전란 때 나라를 구했습니다.
　　　　안현 대감이 세자에게 힘을 보탠다면 민심이 흔들릴 것입니다.

조학주 　(미소 짓는) 안현 대감은 절대 내게 반기를 들 수 없는 사람이다.
　　　　그 어떤 일이 있어도..

차갑게 미소 짓는 조학주의 모습에서..

24 　D, 동래 관아 내아

범팔, 의자에 앉아 있는데 두려운 얼굴로 문 열고 들어서는 서비.

서비   부르셨습니까?

범팔   (보는 눈빛 부드럽다) 그래 내 너를 부른 이유는..

하는데, 범팔의 말이 끝나기도 전에 무릎꿇는 서비.

서비   모두 제 잘못입니다. 진작에 관에 알렸어야 했거늘, 가족처럼 지
       내던 사람들이라 고칠수 있다 생각했습니다. 죽여주십시오.

범팔   의녀로서 사람들을 고치는 것이 당연한 본분 아니냐.
       그뿐이냐. 어제 너는 내 목숨도 살렸다.

서비   (멈칫해서 보다가 조아리는) 과찬이십니다. 전 다만..

범팔   아니다. 내 이 은혜는 앞으로 두고두고 갚을 것이다.
       앞으로... 쭉... 검은 머리 파뿌리가 될 때까지 널 내 곁에 둘 것이다.

서비, 이게 무슨 말인가 이해가 안 가는 듯 범팔을 보다가

서비   ..의녀가 필요하신 것입니까? 혹 어디 불편하신 데라도 있으신
       지요?

범팔   (예상치 못한 전개에) 아니, 그런 것이..

서비   (안색을 살피며) 얼굴이 붉으십니다. 원래 그러십니까?
       아니면, 평소엔 괜찮으시다가 긴장하시면 얼굴이 붉어지십니까?
       심장이나 간에 화기가 쌓여 그리될 수 있습니다.
       잠시 맥을 짚어보아도 괜찮겠습니까?

범팔   맥? (자기 손목을 보다가) 남녀가 유별하나 뭐 우리 사이에 문제될 것
       이 있겠느냐. 편히 잡으시게.

범팔, 손목 내어주면 진지한 얼굴로 맥을 잡아보는 서비. 고개를
갸웃하다가

서비   ...혹 소변을 보실 때 힘드시진 않으십니까?

범팔   (헉...) 소.. 소변?

서비   하복부가 땅기는 증상도 있을 수 있습니다. 음경 쪽에 통증이 있
        을 수도 있구요.

범팔   (내가 잘못 들은 것인가 경악스런) 으... 음경..

서비   아무래도 임병인 듯 합니다.

        (자막: 임병 - 전립선 질환)

범팔   (붉으락푸르락)임... 임병... 내 거기.. 그곳이.. 문제가 있단 말이냐!

서비   걱정 마십시오. 아직 그리 중한 것은 아니니 탕약을 드시면 금방
        나으실 것입니다.

그때, 밖에서 들려오는 "부사 나으리 잠시 들겠습니다"는 목소리
에 이어 문 열고 들어서는 무영. 얼굴 붉그락푸르락한 범팔 이상
한 듯 보며 목례하고

무영   세자 저하께서 저 의녀를 데리고 오라 분부하셨습니다.

범팔   (당황) 아, 그래? 뭐.. 그럼.. 그리 해야지. 그리 하거라.

서비와 무영 나가고 홀로 멍하니 앉아 그곳을 바라보고 있는 범팔.

범팔   (고개 세차게 저으며) ...아닐 거야. 암, 아니어야지.

하다가 문득 생각이 미치는 듯 고개 드는

범팔   그런데 저하께서 왜 저 의녀를... 설마.. 저하께서도 저 아이를...
        (하다 또 다시 고개 젓는) 아냐.. 이것도 아닐 거야.

그때 밖에서 들려오는 목소리.

이방(소리)   부사 나으리. 이방입니다.

25   D, 내아 밖 대청마루

마루로 나오는 범팔. 밖에서 기다리고 있던 이방, 예를 갖춘다.

범팔   무엇이냐?
이방   동원할 수 있는 병력들은 모두 모아 시신들을 수색하고는 있지만
        역부족입니다. 다대포진, 부산포진 모두 전란 때 당한 피해가 복
        구가 안 된 상태라 그 피해가 엄청났다 합니다. 좌수영도 마찬가
        지구요.
범팔   하 참.. 그거.. (하다) 백성들을 피신시킬 선박은 어찌됐느냐?
군관1   좌수영에 정착됐던 군선들은 어젯밤 난리로 화재가 나, 모두 소실
        됐다 합니다. 그나마 구포에서 출발할 예정이었던 조운선은 피해

상황이 미미하여 수리하면 한 시진 후쯤엔 출발이 가능하다 하였습니다.

범팔   겨우 한 대로 이 많은 백성들을 어찌 다 피신시킨다 말인가.
       어서 다른 선박들을 구해보라 이르게.

군관, 목례를 한 뒤 서둘러 뒤돌아 멀어지고

범팔   큰일일세. 해 지기 전에 시신들을 모두 찾아내야 할 텐데,
       일손이 턱없이 부족하지 않은가..

그런 범팔의 얘기를 듣는 이방의 눈빛, 반짝인다.

26   D, 지율헌, 약재창고

무영과 서비를 태운 말이 을씨년스런 약재창고 앞에 도착한다.

27   N, 과거, 지율헌 마당, 서비의 회상

'쾅' 약재창고 문을 열고 나오는 서비와 영신.
눈앞에 펼쳐진 지옥도에 할 말을 잃고 바라보는데..
순간, 그런 서비에게 덤벼드는 괴물, 의녀 1이다.
알고 지내던 동료의 습격에 어찌할 바를 모르는 서비 앞을 막아서

는 영신, 의녀 1을 밀쳐내고, 서비를 이끌고 다시 약재창고로 뛰어든다.
문을 쾅 닫으려는데, 그런 문을 잡는 손, 이승희 의원이다.

28   N, 과거, 지율헌, 약재창고 안, 서비의 회상

다급히 들어와 문을 걸어 잠그는 사람들.
창백한 낯빛의 이승희 의원. 넋이 나간 눈빛으로

이승희   이렇지.. 않았다... 한양에선 이렇지 않았어...
단이는 물리고 난 뒤, 며칠을 앓다가 사람의 모습으로 죽었는데..
저 사람들은 물리고 바로 똑같은 괴물이 돼버렸다..
병증이 변하였다.. 왜지? 왜...
서비   그게 무슨 소리세요? 한양에서 도대체 무슨 일이 있으셨던 겁니까?
이승희   ... 고칠 수 있다.. 이 병은 고칠 수 있어.
병상일지에 모든 것을 적어놓았다.

그때, 서비를 잡아 뒤로 물러나게 하는 영신. 보면 이승희 의원의 팔에서 흐르고 있는 피. 이승희 의원 역시 물린 것이다. 순간, 숨이 막혀오는 듯 컥컥하다가 쿵, 쓰러지는 이승희 의원, 경련을 일으키기 시작한다.
놀라서 바라보는데..

'초가을에 채집한 생사초를 짓이긴 뒤 침에 묻혀, 승하하신 전하의 인당혈에 1푼의 깊이로 꽂았다. 한 시진이 지나자 전하께서 되살아나셨다'

병상일지를 읽어 내려가던 창.

창   (굳은 얼굴로) 이 병을 고칠 수 있다.. 그게 사실이냐?
서비   분명 그리 말씀하셨습니다.
창   (병상일지의 한 부분을 보고 읽어내려가는) 차갑고 사시사철 안개가 긴 곳 용담사, 초가을, 보랏빛 하늘하늘한 꽃을 피우는 생사초가 죽은 사람을 되살린다, 이 풀을 찾으려 용담사를 찾은 것이냐?
서비   모든 건 그 풀에서 시작됐습니다. 그 풀을 찾아 살펴보면 병자들을 고칠 방도가 있지 않을까 싶어 찾아갔지만, 그곳엔 보랏빛 꽃을 피우는 풀은 없었습니다.

창, 병상일지를 바라보다가 마지막 장을 넘기면 다른 글씨체보다 조금 더 휘갈겨 쓴 필체로 '계지, 복령, 목단피, 작약, 도인'이라고 적혀 있다.

창   여기에 적힌 약재들은? 이것이 병자들을 고칠 방도일 수 있다.
서비   그 약재들은 계지복령환을 만드는 재료인데 그것은 이런 병증과 전혀 상관없는 평범한 부인과 질병에 쓰이는 약입니다.

창   틀림없느냐.

서비 예, 그것은 여인들이 달거리를 할 때 통증을 줄여주는 흔한 약입
니다. 혹시나 싶어 지율헌 병자들에게 먹여봤으나 역시 효험은 없
었습니다.

창   현재로서는 이 병을 고칠 수 있는 방도는 없다...

눈빛 가라앉는 창.
그때, 뒤쪽에서 약재창고를 둘러보던 무영, 굳은 얼굴로 다가와

무영 잠시 드릴 말씀이 있습니다.

30   D, 동장소

약재창고 문 앞에서 뭔가를 내려다보고 있는 창과 무영.
두 사람의 시선 좇아가보면 목이 잘린 범일의 시신.

무영 ...금군별장의 목이 보이지 않습니다.
누군가 그 목을 가지고 조학주에게 이 사실을 알리기 위해 간 것
입니다.

창   …

무영 (미치고 팔짝뛰겠는) 하.. 나.. 진짜 미치겠네..
요즘 자꾸 드리는 말씀이지만, 또 왜 그러셨습니까!
금군별장은 조학주의 천금 같은 외동아들입니다.

이 사실을 알면 조학주는 절대 우리를 가만두지 않을 겁니다.

창   나도 조학주를 가만두지 않을 것이다.

무영   예? 지금 역모로 몰리셔서 동래까지 도망 오신 분이 무슨 힘이 있
        어 조학주와 맞서시겠다는 겁니까? 저랑 저하랑 달랑 둘이서 칼
        들고 궁궐로 달려들겠다구요? 이게 애들 칼싸움인지 아십니까?

창   이제 명분이 생겼으니 힘을 얻어야지.

무영   ...명분이요? 무슨 말씀이십니까?

        창, 무영을 바라보는 눈빛에서.

        -인서트
        -궁궐 후원. 대례복을 입은 일곱 살의 어린 창.
        그런 창의 귓가에 들려오는 목소리.

(소리)   살아남거라..

        소리가 들리는 곳을 바라보는 어린 창. 역광을 받아 얼굴이 잘 보
        이지 않는 남자가 창을 바라보며 얘기한다.

남자   살아남아야 한다.

        -다시 약재창고로 돌아오면

창   ...아바마마께선.. 돌아가셨다.

무영   (놀라서 바라보는) 예? 그.. 그게 무슨 말씀이십니까?
      전하께서 붕어하시다뇨.

창   조학주와 계비가 자신들의 권력을 지키기 위해 돌아가신 아바마
      마께 생사초를 썼다. 저 병상일지와 의녀가 그 사실을 증언해 줄
      것이다.

      무영, 도무지 믿기지 않은데...

창   의녀와 병상일지를 챙겨라. 상주.. 안현 대감에게 갈 것이다.

      약재창고를 뒤로 하고 앞으로 나아가는 창.

31   **D, 구포 나루터**

      조운선에 실리기 위해 줄지어 있는 짐들 사이로 갓에 차양을 드리
      운 사내들이 군졸들의 호위 아래 배에 오르면, 이미 자리 잡고 있
      던 노마님과 양반들이 목례를 한다.
      그제야 차양을 걷는 사내들, 부사 범팔과 이방 무리다.

이방   (군관에게 은밀히) 사람들이 모이기 전에 얼른 마무리하거라.
군관1 예.

      꽥꽥, 나무틀에 갇힌 무거운 돼지를 싣느라 끙끙거리는 짐꾼들.

옥사 안에 가둬져 있는 영신. 벽에 기대어 앉아 생각에 잠겨 있다.

그때, 옥사 밖에서 들려오는 백성들의 울음 섞인 고함 소리가 들린다.

"배 떠난다. 우릴 버리고 다 도망갔어.. 여기 있으면 다 죽어, 빨리 도망가자."

영신, 뭐지? 창밖을 보면, 군졸들이 도망치듯 뛰어나가고 있다.

상황이 심상치 않음을 느낀 영신, 옥사 출입구 쪽 군졸들을 향해

영신   이보시오, 이보시오! 무슨 일이오! 이보시오!

도망 치려던 군졸 하나가 옥사 복도 안으로 열쇠 꾸러미를 던지고는 동료들을 쫓아 급히 달려간다.

복도에 떨어진 열쇠 꾸러미를 잡으려 나무 창살 사이로 팔을 뻗치는 영신.

기를 쓰고 팔을 뻗자 아슬아슬하게 닿는가 싶은데, 그 순간 쿵! 나무 창살 틀이 통째로 무너져 내린다.

뻥 뚫린 옥사 안, 열쇠를 움켜쥔 채 일어서는 영신, 밖으로 나오려다 옆 방 옥사 문을 열어주려는데...

쌍칼 죄수 (화들짝) 열지 마, 열지 마.

지난밤의 트라우마로 인해 혼자 있는 게 낫다고 생각하는 듯 강하게 거부하는 쌍칼 죄수.

영신, 알아서 하라는 듯 열쇠를 던져주고는 뛰어나간다.

33 D, 동래 강가 일각

말을 끌고 산을 내려오고 있는 창과 무영, 그 뒤의 서비.
그런 일행의 머리 위를 맴돌다가 떠나는 매 한 마리.

무영   상주까지 뱃길이 더 가깝습니다. 선박 수리가 끝나간다 들었으니
배를 이용하시는 것이 빠를 것입니다.

나루터를 향하는 창 일행.

34 D, 구포 나루터

'헉헉..' 서둘러 달려가는 영신, 언덕을 지나자 나루터가 보이는데..
이미 출발해 버린 조운선... "돌아오시오! 우리도 데려가주시오, 나
리! 저희는 어떡합니까, 나리!" 남겨진 백성들이 배를 향해 애타
게 소리쳐보지만 아무 반응 없는 조운선.

35   D, 조운선 갑판 위

힘 있고 돈 있는 양반들만이 승선한 조운선 갑판 위.
백성들의 외침을 무심히 지켜보던 양반 하나.

무심 양반   저렇게 떼쓸 시간에 뭐라도 하지.. 쯔쯔 어찌 저리 어리석을꼬..

착잡한 마음으로 멀어지는 동래를 바라보던 범팔.

범팔   (매우 찔리는 얼굴로) 괘..괜찮겠느냐..

이방   해가 지기 전에 이 병력으로 모든 시신을 수색하는 건 불가능합니다.
밤이 되면 또다시 난리가 날 텐데 저곳에 남아 계시는 건 섶을 지
고 불로 뛰어드는 것이나 다름이 없습니다.
부사 어르신과 이 배에 타신 양반님들은 동래를 지탱하는 기둥이
십니다. 살아남으셔서 동래를 다시 일으키셔야죠.

범팔   세자 저하께선 동래를 떠나신 게 확실하겠지?

이방   예, 두 분이 떠나신 걸 확인했습니다.
걱정하지 않으셔도 됩니다.

범팔   그 의녀도 데리고 가셨느냐?

이방   (뭔 소린가 싶은) 예?

범팔   (아쉬운 한숨) ..아니다.

그런 범팔에게 인사한 뒤, 멀어지는 이방.
범팔, 홀로 남자 아.. 하다가 소맷부리에서 파란색 비단에 싸인 작

175

은 상자를 찾아들고 휴.. 안도의 한숨을 내쉬는..

배 앞쪽에 엉덩이를 붙이는 이방, 일꾼을 보고는..

이방   밥 굶는 줄도 모르고 일만 했더니 이제 허기가 오는구나.

       뭐 좀 먹을 것이 없느냐?

일꾼   축하연 때 남은 육전과 탁주를 챙겨왔사옵니다.

이방   오호, 꼼꼼하게 챙겼구나. 얼른 가져오너라.

       일꾼이 물러나자 다가오는 군관 1, 낮은 목소리로

군관1   괜찮겠습니까. 세자 저하는 아직 저 안에 계십니다.

       만약, 우리가 이리 떠난 걸 아시면.. 우릴 가만두지 않으실 겁니다.

이방   우린 어젯밤 세자 저하에게 화살을 겨눴네.

       이래도 죽고 저래도 죽는 목숨이야.

군관1   허나..

       탁주 한 병과 육전을 가져오자 잠시 대화를 멈추고는..

이방   고맙구먼. 일 보시게.

       혀를 날름거리며 육전을 입에 넣는 이방.

이방   걱정 말게. 이씨 위에 조씨가 있는 세상일세.

       부사 나으리만 이용하면 살길이 열릴 것이야.

36   D, 조운선 갑판 밑

어두컴컴한 짐들이 쌓여 있는 갑판 아래 짐들 사이로 천천히 안쪽으로 걸어들어가고 있는 그림자, 노마님이다.
노마님, 짐들 가장 마지막에 놓인 뒤주 앞에 멈춰서서 뒤주를 가만히 바라본다.
창문 너머 내려앉는 붉은 석양.

37   D, 구포 나루터

나루터, 떠나는 배를 믿기지 않는 눈빛으로, 혹은 절망으로 바라보고 있는 백성들의 모습 위로도 내려앉는 붉은 석양.
붉게 물든 강물을 따라 점점 멀어지고 있는 조운선의 모습에서

KINGDOM

킹덤

4 부

KINGDOM

킹
딤

1   구포 나루터

점처럼 변해버린 조운선을 반쯤 넋이 나가 바라보고 있는 백성들.
울음을 터뜨리고 바닥에 주저앉고.. 절망감만이 가득한 사람들의
귓가에 말발굽 소리가 들려온다.
뭐지? 보면 다가오고 있는 창, 무영, 서비 일행.
창을 본 백성들 "저하다.." "세자 저하셔.." 한 줄기 희망을 가지
고 창을 바라보는데.. 빠르게 다가온 창 일행, 멀어지는 조운선을
보며

무영   이게 다 무슨 일이냐? 저 배는 무엇이고, 누가 탄 것이냐?
영신   ..군사들을 지휘할 지휘관들과 동래를 책임질 높은 분들..

모두 저 배에 올라 떠나셨습니다.

창도 무영도 서비도 기가 막혀 믿기지 않는 눈빛으로 조운선을 바라보는데..

영신 시신들 수습도 제대로 안 하고 떠났습니다.

해가 지면 또 난리가 날 겁니다.

그때, 울부짖으며 다가와 창 앞에 엎드리는 어린아이를 업은 늙은 노파,

노파 저하! 우리를 살려주십시오. 전란 중에 아들을 잃고, 어젯밤 다른 가족들도 다 잃었습니다.

창, 어찌 할 바를 모르고 그런 노파를 바라보는데..

순간 뒤쪽의 백성들 하나 둘씩 "저하! 저희를 살려주십시오!" "저하!"

울부짖으며 창에게 애원한다. 부모를 잃은 덕이를 비롯한 아이들 역시 울음을 터뜨리며 창을 바라보고..

창, 그런 백성들을 바라보다가 붉게 물든 하늘을 바라본다.

이제 곧 해가 진다..

멀어지는 조운선과 자신 앞에 무릎을 꿇고 살려달라 외치는 백성들을 바라보던 창, 흔들리는 눈빛으로 무영에게

창 해가 지기 전에 이들이 피할 만한 곳을 찾아야 한다.

무영 ..군영이요. 어젯밤 그 군영 정도면 이들이 피할 수 있을 겁니다.

그때 들려오는 군졸 1의 목소리.

군졸 1   저... 그것이.. 군영 목책을 헐어 아까 떠난 배를 수리했습니다.

굳은 눈빛으로 그런 군졸 1을 보던 창..

창   조창이나 강창은 없느냐? 세곡미를 보관하는 곳이니 나무 벽이
두터울 것이다.

백성 1   불암진에 큰 강창이 있지만, 어젯밤 난리에 불타버렸습니다.

창, 다시 하늘을 본다. 지고 있는 해를 바라보며 점점 마음이 급해
지는데..

서비   지율헌입니다!

창   (보는)

서비   병자들이 며칠이나 나오지 못한 곳이니, 들어오지도 못할 것입니다.

창, 그런 서비를 보다가

창   지율헌으로 간다! (주변을 둘러보며) 걸을 수 있는 자는 걷고, 늙고
병든 자들, 걸음이 느린 어린아이들은 수레에 태워 간다.
다들 서둘러라!

창의 명령에 다들 희망이 생기는 듯 수레를 가지러 뛰는 백성들.

백성들 사이에서 창을 가만히 바라보는 영신.

2   **D, 금정산 일각**

해가 거의 지고 있는 주변.
2부 2씬, 지율헌의 지붕이 보일 정도의 거리까지 당도한 사람들.
선두엔 창과 무영, 영신, 서비를 비롯한 운신이 가능한 젊은 장정
들과 아이들 남녀노소가 서로서로를 이끌면서 걷고 있고, 가장 후
미에는 말이 끌고 있는 수레 위 노약자들이 타고 있다.
그때, 저 멀리 보이는 지율헌 지붕.

서비   (후미를 향해) 이제 곧 지율헌입니다!

그런 서비의 말에 사람들의 행렬, 기운이 나는 듯 더욱 속도를 높
여 지율헌을 향해 가는데, 서비와 함께 걷던 덕이, 순간 돌부리에
걸려 넘어지고, 그런 덕이를 잡아 일으키는 서비.
그런데, 덕이의 시선은 넘어졌던 바위 아래쪽에 쏠려 있다.

덕이   저기.. 이상한 게 있어요..

그런 덕이의 시선 좇아가는 서비, 경악한다.
바위 아래 틈, 햇빛이 닿지 않는 곳에 잔뜩 엉켜 있는 시신들이다.

서비   저하!!

서비의 부름에 바라보는 창과 무영을 비롯한 사람들, 바위 아래의
시신들을 보고 낯빛이 굳는다. 그 바위 아래를 보다가 설마하는
눈빛으로 빠르게 주변을 훑는데 서비가 발견한 바위틈 말고도 다
른 바위틈들 사이로 희끗 보이는 시신들을 발견하고 낯빛이 굳는다.
무영, 긴장된 얼굴로 칼을 뽑아들며

무영   (충격으로 굳은 눈빛) 다른 곳까지 숨어 있다면..
어마어마한 숫자일 겁니다..

창, 다급히 하늘을 본다. 붉게 물든 태양은 산등성이를 향해 빠르
게 내려앉고 있다. 지붕이 보이긴 하나, 아직까지 지율헌까지 갈
길은 꽤나 남았다.

창   (사람들을 향해) 뛰어라! 어서 뛰어라!!

선두의 서비, 영신, 아이들을 들고 업고 하며 뛰기 시작한다.
창, 그런 사람들을 보다가 후미 쪽을 보는데 수레를 끌고 있는 군
졸들.
말고삐를 다급히 당기며 전진하지만 수레의 무게 때문에 쉽지만
은 않다.
그런 수레 쪽으로 달려가는 창. 말고삐를 잡고 더욱 세게 당겨보
지만, 수레의 무게 때문에 쉽지만은 않다. 무영 그 모습에 달려와

수레를 밀기 시작하고, 군졸들 역시 그런 무영을 도와 수레를 밀기 시작하는데, 각 바위틈 사이로 보이는 시신들의 모습에 점차 공포에 질려오는 눈빛.

앞쪽 역시 다급한 마음에 뛰다가 엎어지고 나뒹굴고 전진이 쉽지만은 않다. 창 더욱 말 등을 채찍질하며 앞으로앞으로 전진해 나가지만 빠르게 내려앉는 땅거미.

순간, 바위틈 사이의 시신들 중 한 손가락 까닥하고 움직인다.

그런 시신을 보는 창의 흔들리는 시선.

3   지율헌 앞

앞서 뛰던 서비와 장정들과 군졸들, 지율헌에 도착해 아이들을 안으로 들여보내기 시작한다. 뒤돌아보면, 역시 아이들을 안고 뛰어오는 영신.

아이들을 서비에게 맡기며 다시 되돌아가며

영신   늦으면 바로 문 닫아.

4   금정산 일각/지율헌 앞

수레를 끌고 있는 창과 무영을 비롯한 군졸들.

있는 힘껏 수레를 밀고 당겨보는데 '쿵' 수레바퀴가 큰 돌에 끼어 움직이질 않는다. 저 앞쪽에서 뛰어오는 영신, 함께 힘을 실어보지만, 실낱같은 햇빛이 사라지기 시작한다. 수레 위의 노인들 겁에 질려 울부짖는데..

무영   (말고삐를 당기는 창을 향해) 저하!

그러나 창, 그 소리가 들리지 않는 듯 말고삐를 당기기만 할 뿐인데 그런 창에게 달려가는 무영.

무영   저하! 가야 합니다!

말고삐를 놓고 수레 뒤로 가 밀기 시작하는 창.

무영   (답답한 듯 따라가 창을 잡아끄는) 가셔야 합니다!!
창   난 다르다!!
무영   (보는)
창   난 이들을 버리고 간 이들과도 다르고 해원 조씨와도 다르다..

무영과 군졸들 창을 보는..

창   난 절대 이들을 버리지 않을 것이다.

창, 그 말과 함께 수레를 더욱 세게 밀기 시작한다.
무영, 그런 창을 보다가 어쩔 수 없다는 듯 옆에서 더욱 세게 수레를 밀기 시작하고 군졸들과 영신 역시 그런 창 옆에서 "으아악" 있는 힘껏 수레를 밀기 시작하는데 덜컹 움직이기 시작하는 수레. 속도를 내기 시작하는 수레. 오르막이 끝나고 지율헌으로 향하는 평지가 시작되자, 더욱 수레는 속도를 내기 시작하는데 그러나 점차 사라지는 햇살들.

바위틈 사이의 시신들, 하나둘씩 눈을 뜨기 시작한다.

긴장한 눈빛으로 검을 뽑아들며 수레 뒤를 쫓는 창.

그 옆쪽으로 역시 검을 든 무영이 붙어 호위를 시작하고, 군졸 1 역시 조총을 뽑아 들며 그 옆으로 붙으려는데 순간 옆에서 튀어오르듯 올라오는 괴물에게 군졸 1, 조총을 쏘지도 못하고 당해버린다. 수레를 밀던 영신, 그 모습에 달려와 조총을 들고 또다시 튀어오르는 괴물을 향해 한 방 쏜다. '탕' 소리와 함께 미간이 적중되며 쓰러지는 괴물. 그런 영신을 힐긋 보는 창과 무영 역시 하나둘씩 달라붙기 시작하는 괴물들의 머리를 베어버리고..

지율헌에 거의 도착한 수레. 열린 문을 통해 지율헌에 도착하고..

문을 붙잡고 있는 서비, 남은 창, 무영, 영신을 안타깝게 바라보는데..

수레가 들어간 걸 확인한 세 사람. 빠르게 지율헌을 향해 뛰기 시작한다.

그런 세 사람의 뒤쪽으로 따라 붙기 시작하는 괴물들의 실루엣.

무시무시한 속도로 세 사람을 향해 뛰어오는데..

아슬아슬 대문에 도착하는 영신, 무영, 창.

'쾅' 닫히는 지율헌의 대문.

5   N, 지율헌

쾅 문을 닫아걸고 뒷걸음치며 들어서는 창, 무영, 영신.
만약의 경우를 대비하는 듯, 검을 들고 문 쪽을 바라본다.
그 옆으로 수레를 밀고 들어오던 군졸들 역시 무기를 들고 바라보고..
'쾅쾅쾅' 문을 넘어오려는 괴물들이 만들어내는 굉음.
어두운 하늘 아래, 소름 끼치게 메아리 치는 짐승들의 괴성들.
지율헌 안 뒤쪽에 모여 있는 백성들, 공포에 질려 서로를 부둥켜
안는다.
담 밖에서 들려오는 괴물들의 괴성은 거세지기만 하는데..

6   N, 조운선

조운선 갑판 위, 달빛 아래 잔잔한 수면을 바라보고 있는 범팔과
이방.

범팔   상주까진 얼마나 걸리느냐?
이방   날씨가 좋아 이틀이면 당도할 것입니다.
범팔   그곳은 안전한 것이 확실하냐?
이방   한양 다음가는 큰 도읍입니다. 지켜줄 군사들이 널렸으니 안심하
      십시오.

범팔, 안심하는 듯 돌아서는데 순간 갑판 아래쪽에서 들려오는

'쿵쿵쿵' 하는 희미한 소리. 무슨 소리지? 갸웃하는 범팔과 이방.
갑판 위의 군관들도 무슨 소리지? 갑판 아래쪽을 바라보는데

7   N, 조운선 갑판 밑

갑판 밑, 뒤주를 바라보고 있는 노마님.
'쿵쿵쿵' '쿵쿵쿵' 연신 들려오는 불길한 소리는 뒤주에서 들려오
고 있다.

노마님   (떨려오는) 아드님.. 우리.. 귀한 아드님...

순간, 뒤주 문이 안에서 밖으로 '쾅' 열리는...

8   N, 낙동강

어둠에 휩싸인 낙동강물 위 점점이 불을 밝히고 떠가는 조운선.
찰랑거리는 물결 소리 들리다가 순간, "끼아악!" 들려오는 사람들
의 비명 소리, 갑판 아래쪽 작은 창문을 통해 우왕좌왕하는 호롱
등 불 불빛.
뒤이어 이어지는 괴물들의 "크르르르" 하는 울음소리.
그렇게 물길을 따라 서서히 흘러가기 시작하는 조운선에서 빠지
는 화면.

달빛이 비추는 낙동강 물결을 빠르게 따라 올라가기 시작한다.
물결이 끝나는 곳, 너른 평야에 자리 잡은 대도읍 상주의 전경.

9   N, 몽타주

-금정산 곳곳에 울려 퍼지는 괴성들.
-나무들 사이사이로 오가는 수많은 괴물들의 실루엣.
-지율헌, 밤새 그러고 서 있던 듯, 검을 부여잡고 담벼락을 바라보고 있는 창, 무영, 조총을 들고 있는 영신.
뒤쪽에 서로 부둥켜안고 있는 서비를 비롯한 사람들, 여전히 공포에 질려 있는데..
-금정산 줄기 너머로 느껴지는 푸르른 미명.

10   D, 지율헌

무영, 하늘 너머 푸르른 미명을 느낀다.

무영   햅니다.. 해가 뜨고 있습니다.

그 말에 하늘을 바라보는 사람들. 푸르른 미명 아래..
밖에서 들려오던 괴성, 서서히 잦아들기 시작한다.
긴장이 풀린 듯 그제야 곧추세웠던 검을 내리는 창과 무영.

그리고 그제야 참았던 울음을 하나 둘씩 터뜨리는 아이들.
창, 뒤돌아 백성들을 바라보다가 한쪽 건물 앞으로 가 주저앉듯 앉는다.
무영, 그런 창에게 다가가며

무영 저하, 괜찮으십니까?

그때, 수레 위에 올라타 있던 노인들 중 한 명, 거의 기듯이 창 앞으로 다가와 눈물을 흘리며 조아린다.

노인 저하.. 감사합니다. 저희를 살려주셔서 감사합니다.

창, 당황스런 얼굴로 그런 노인을 바라보는데..
뒤쪽에 있던 백성들도 하나 둘씩 무릎을 꿇고
"살려주셔서 감사합니다" "감사합니다"하며 연신 조아린다.
창, 당황스런 시선으로 그런 백성들을 바라보다가 무안한 얼굴로 돌아서며 무영에게

창 상처 입은 자들을 치료하고 먹을 것을 준비하라.

−시간 경과되면
눈부신 아침 햇살이 쏟아지고 있는 지율헌.
칡을 달인 물을 마시거나 풀을 뭉쳐 개떡을 만들고 있는 사람들.
그런 아이들 중 다친 아이들의 머리며 팔 등을 치료하고 있는 서비.

그런 사람들에게서 멀리 떨어진 지율헌 병사의 대청마루에 앉아 있는 창.

창, 품 안에서 말린 육포를 꺼내 먹으려고 하는데

뭔가 시선이 느껴지는 듯 돌아보면, 개떡을 먹고 있는 아이들, 눈이 똥그래져서 창이 들고 있는 육포를 뚫어져라 보고 있다. 그런 아이들의 얼굴을 돌리는 애엄마.

엄마   높으신 분이 드시는데 그리 보면 안 된다.

그러나 여전히 얼굴 돌아간 상태에서도 침을 꿀꺽 삼키며 힐긋 힐긋 육포를 보는 아이들. 나이 든 어른들 역시 보진 않지만, 계속해서 침을 꿀꺽 삼키고 있고..

창, 그냥 먹기도 뭐하고 약간 돌아앉아서 육포를 먹는데, 왠지 껄끄럽기만 하다.

그런 창에게 물을 갖다 주는 무영.

무영   일국의 세자 저하께서 뭘 그리 눈치를 보십니까.
       떳떳이 드십시오. 한 입 한 입.
창   백성들이 먹을 것이 저것뿐이냐.
무영   칡뿌리도 어렵게 구했답니다.
       안 그래도 전란 때문에 농토가 황폐해져 힘든데 위 아래로 쥐어짜니 먹을 것이 남아나겠습니까.
       근방에 살아 숨쉬는 건 벌레까지 다 잡아먹었답니다.
       창, 신경이 쓰이는 듯 허기져 보이는 백성들을 보는데 들려오는 푸드득 새 날갯짓 소리.
나무 위에 새들이 날아다니고 있다.

창   저것은 먹을 것이 아니고 무엇이냐.
무영   하늘을 날아다니는 새를 무슨 수로 잡겠습니까?

창, 조금 떨어져 앉아 있는 영신이 갖고 있는 조총을 본다.

창   총을 쓰면 잡을 수도 있다.

백성들 그 얘기에 귀 쫑긋한 듯 이쪽을 바라보는데..
영신도 창과 무영의 대화를 듣고 있던 듯

영신   이 총은 사정거리가 짧아 불가능합니다.

무영, 그런 영신을 가만히 바라보고
백성들 실망한 듯 다시 한숨을 푹 내쉰다.
창, 생각하다가 자신이 먹으려던 육포를 내려다보는

창   ..사정거리 안에 들어오게 만들면 되는 것 아니냐.

무영과 영신 의아한 얼굴로 창을 본다.

-시간 경과되면

어느새 텅 비어 인기척 하나 느껴지지 않는 조용한 지율헌.

각 방마다 문을 닫고 숨죽이고 있는 백성들.

창과 무영도 건물 지붕 아래 그늘 밑에서 숨죽인 채 지율헌 건물 중 가장 높은 약재창고 지붕을 바라보고 있다.

약재창고 지붕 위 비추면 지붕 위에 흩뿌려져 있는 육포 조각들.

그런 지붕과 가까운 맞은편 건물 위 지붕 위 굴뚝 뒤에 은폐한 채 총을 조준하고 있는 영신의 모습.

창은 새가 날아오지 않나 뚫어지게 약재창고 지붕 쪽을 보고 있지만, 무영은 영신쪽을 의심이 담긴 눈빛으로 주시하고 있다.

순간, 긴장하는 창의 눈빛. 무영 보면 새들이 서서히 지붕으로 접근하고 있다. 한 마리, 두 마리, 뒤이어 몇 마리의 새들이 내려앉아 주변을 경계하며 육포 쪽으로 다가오기 시작한다.

창, 더욱 긴장해서 그 모습을 지켜보고,

다른 방에서 문틈 사이로 그 모습을 지켜보던 백성들도 긴장하는데..

순간, '탕!!' 들려오는 총소리와 함께 푸드득 하늘 위로 날아오르는 새들.

숨어 있던 지붕 밑에서 뛰어나오는 창 그리고 무영.

"뭐야 뭐야" 다들 있던 곳에서 뛰쳐나오는 백성들.

실패한 건가? 창, 실망스런 얼굴로 새들을 보다가 화풀이하듯 땅에 있던 돌들을 주워 새들을 향해 던지는데 날아오르던 새들 중 한 마리 총알에 맞은 듯 파닥파닥 날갯짓이 이상하다가 추락하기 시작하는데 공교롭게 창이 던진 돌에 맞고 땅에 픽, 떨어진다.

가만히 그 새를 바라보는 창, 무영, 백성들.

뭐 이런 일이.. 새를 바라보던 백성들 순간 "와!!!!" 함성 지르며 달려가고

창도 순간 흥분한 듯 "와!!" 하다가 내가 왜 이러지 다시 근엄한 표정으로 돌아오고..

백성들과 함께 달려가던 서비, 백성들 막으며 "밟으면 안 돼!! 멈춰요!!" 하니, 죽은 새 주변에서 멈추는 백성들.

서비, 소중한 보물을 주어올리는 듯 죽은 새를 들어올려 부엌 쪽으로 이동하는데, 그 옆을 주르르 쫓아가는 백성들. "조심해, 털빠져" "뭔 소리여. 털은 빼고 고아야지" 우르르 부엌으로 몰려가는 백성들.

지붕 위에 있던 영신, 총을 가지고 땅으로 내려서는데, 무영 그런 영신을 가만히 바라본다.

-시간 경과되면,

행복하게 흩어져 앉아 웃으며 고깃국물을 먹고 있는 백성들.

그릇 안을 보면 작은 새고기를 나눠 거의 고기라곤 보일 듯 말 듯 하지만, 오랜만에 고깃국물을 먹는 백성들의 얼굴에는 행복이 가득하다.

조금 떨어져 앉아 그런 백성들을 바라보고 있는 창과 무영.

창의 입가에는 보일 듯 말 듯 미소가 걸려 있는데, 그런 지율헌 하늘 위로 서서히 구름 드리워지며 어두워지는 하늘.

하늘을 보던 무영, 창에게

무영   이제 어찌하실 겁니까?

창	..가까운 관에 저들을 맡긴 뒤 상주 안현 대감에게 갈 것이다.

그때, 뒤쪽에서 얘기를 듣던 영신. 안현 대감이란 말에 눈빛 멈칫하다가..
두 사람에게 다가온다. 무영, 영신이 다가오자 가로막는

무영	무슨 일이냐?
영신	상주는 제 고향입니다. 상주로 가신다면 제가 길잡이를 해드리겠습니다.

무영, 그런 영신을 보다가...

무영	난 널 믿을 수 없다.
영신	(보는)
무영	네 정체가 무엇이냐.
영신	....그저 이름 없는 백성일 뿐입니다.
무영	이름 없는 백성이 조총을 쏘는 법은 어찌 안 것이냐?
영신	전란 중에 군역을 치르며 배운 것입니다.
무영	튀어 오르는 괴물의 미간을 적중시키고 날아오르는 새도 한 방에 해치웠다. 군역을 지는 하급 군졸의 솜씨가 아니다. 대체 넌 누구냐.

영신, 말없이 무영을 바라보고, 무영 의심이 가득한 눈빛으로 영신을 바라본다. 두 사람 사이에 긴장감이 흐르는데,
순간, 갑자기 담벼락 너머 숲 쪽에서 '파드드득' 날아오르는 새 떼들.

창을 비롯한 사람들, 뭐지? 긴장한 얼굴로 담 너머를 바라본다.

다시 정적만이 감돌다가 뒤이어 또다시 '쿵' 굉음과 함께 지율헌의 두꺼운 대문이 뭔가에 부딪친 듯 부르르 흔들린다.

불길함에 휩싸여 또다시 '쿵' 흔들리는 대문을 바라보는 창을 비롯한 사람들의 굳은 눈빛 위로 조학주의 울음소리가 깔린다.

11   D, 조학주의 방

구슬픈 울음소리가 흐르고 있는 조학주의 방.

낮임에도 불구하고 어두침침한 방 한편에는 밤새 켜놓은 듯, 촛농이 가득한 굵은 황촛대의 불빛. 그 앞에서 슬픔에 못 이긴 듯 흐트러진 자세로 눈물을 뚝뚝 흘리고 있는 조학주다.

그 뒤엔 엎드린 채 겁에 질려 벌벌 떨고 있는 의금부 도사 2.

가슴이 미어지는 듯 점차 울음소리가 커져가는 조학주가 소중히 안고 있는 것, 바로 범일의 목이다.

조학주, 그런 범일의 목을 부둥켜안고 눈물을 흘리며 절규한다.

조학주   전하의 아들이.. 내 소중한 아들을 죽였소.

내 아들을 이리.. 처참히.. 죽여버렸소..

(붉게 충혈된 눈빛에 처참한 분노가 차오른다)

똑같이 갚아줄 것이요. 당신의 아들도 내 아들처럼.. 아니 더욱 처참하게 죽여버릴 거요!!

12   D, 지율헌

점점 더 어두워지는 하늘, 서서히 몰려들기 시작하는 안개.
또다시 '쿵' 울리는 대문.
긴장한 시선으로 대문 쪽을 바라보는 창, 무영, 영신, 서비를 비롯
한 백성들.
그때, 대문 밖에서 들려오는 목소리.

도진(소리) 대역 죄인, 세자 이창은 들으라.

도진의 목소리에 굳은 시선으로 담장 밖을 바라보는 창.

13   D, 지율헌 담장 밖

역시 안개가 몰려오고 있는 지율헌 담장 외곽.
지율헌 담장 밖을 포위해 있는 내금위 부대들.
대문 바로 앞에는 굵은 통나무로 대문을 부수려던 내금위 군사들,
도진의 신호를 기다리고 있고..
도진은 차가운 눈빛으로 담장 너머를 향해 외치고 있다.

도진   역모 죄의 정범으로 한양으로 압송돼 조사를 받아야 할 죄인은 지
엄한 왕명을 어기고 선전관으로 내려온 금군별장마저 죽음에 이
르게 하였다. 이는 이 나라의 국법을 지켜야 할 세자로서 도저히

용서받지 못할 대역죄이다. 왕명을 어긴 대역 죄인은 스스로 문을
열고 나와 오라를 받으라.

14   D, 지율헌 안

밖에서 들려오는 도진의 목소리를 듣던 백성들. 의아한 얼굴로 서
로를 바라보며

군졸 1   이게 무슨 소리야. 저하께서 대역 죄인이라니..
뭔가 잘못 안 거 아니에요?

그러나 창과 무영의 눈빛은 무겁게 가라앉는다.

15   D, 지율헌 대문 밖

여전히 차가운 시선으로 지율헌 담장 너머를 바라보는 도진.

도진   스스로 나오지 않는다면, 또다시 왕명을 거역하는 것이라 간주해
국법으로 엄중히 다스릴 것이다.

생각지도 못한 상황에 낯빛이 굳는 창.
뒤편에 있던 백성들은 불안한 시선으로 서로를 바라보다가

노인   (창을 보며) 뭔가 단단히 잘못 알고 있는 거 같습니다.
　　　나가서서 찬찬히 잘 타일러보십시오.

　　　창, 그러나 나갈 수 없다. 망설이는 눈빛.
　　　그런 창을 바라보는 영신.

영신   저하께서 나가지 않으시면, 여기 있는 모두가 위험해질 겁니다.

　　　창, 더욱 흔들리는 눈빛. 대문과 겁먹은 눈빛의 백성들을 번갈아
　　　바라보는데..
　　　그런 창을 불안한 시선으로 바라보는 무영, 한 발자국 창 쪽으로
　　　나서려는 순간, '피융' 허공을 가르는 소리와 함께 날아 들어오는
　　　불화살을 맞고 쓰러지는 백성들. 비명이 터져 나오기도 전에 뒤
　　　이어 사방에서 마구잡이로 날라드는 불화살에 추풍낙엽처럼 쓰
　　　러진다.
　　　놀라서 굳어버리는 창.
　　　무영, 놀라서 옆에 버려진 부서진 나무 문짝으로 화살들을 피하며
　　　창에게 달려와 창을 이끌고 그나마 안전한 건물들 사이로 달려가
　　　는데 달려가는 사이, 창의 시선에 들어오는 지옥도 같은 지율헌

안의 광경.

하늘이 붉도록 날아드는 불화살에 불붙기 시작하는 건물들.

도망치던 아이들, 그런 아이들을 데리고 도망가던 부모들, 서로를 이끌던 부부, 어젯밤 겨우 목숨을 살린 노인들, 백성들을 피신시 키려던 군졸들, 속수무책으로 날아드는 화살에 피를 흘리며 목숨을 잃고 있다.

겨우 무영과 안전한 건물들 사이에 도착하는데, 순간 백성들 속, 누군가와 시선 마주치는 창. 이곳으로 도망 오려다 날아오는 화살에 등을 맞고 쓰러지고 있는 덕이다. 땅 위로 떨어지는 가냘픈 덕이의 몸.

창, 처참하게 죽어가는 백성들의 모습에 충격으로 눈빛이 굳는다.

무영   (창을 살피는) 저하, 괜찮으십니까?

창   (넋이 나간) 나 때문이다.. 나 때문에..

무영, 그런 창을 안타깝게 보는데..

그때, 들려오는 목소리. 먼저 건물 사이로 피해 있던 영신이다.

영신   맞습니다. 모두 저하 때문입니다.
       그러니 저하께서 나서주셔야 합니다.

무영   (확 열받는 듯 영신의 멱살을 잡으며) 닥쳐라.

영신   (무영을 보며) 그 방법뿐입니다.

무영   저하를 위험에 빠뜨릴 순 없다.

영신   아니면 다 죽을 겁니다.

무영과 영신 실랑이를 벌이는 동안 창, 영신의 뒤쪽, 벌벌 떨며 자신을 바라보는 살아남은 백성들을 보다가 서서히 떨려오는 눈빛이 가라앉는다.

창   저자의 말이 맞다.

무영   (보는) 저하!

창   저들을 살리려면 내가 미끼가 돼야 한다.

그런 창의 모습 위로 내려앉기 시작하는 안개, 더욱 짙어진다.

17   D, 몽타주

안개 사이로 비명과 절규로 휩싸인 지율헌 건물을 차가운 시선으로 바라보고 있는 도진. 안에서 들려오는 처절한 비명 소리들이 점차 사라지고 고요해지자, 내금위들에게 명령을 내린다.

도진   문을 열어라.

통나무를 든 내금위들. '쿵' '쿵' 문을 부수기 시작하고 '쿵' 문을 몇 번 더 부딪치자, '쾅' 소리와 함께 열리는 문.
안개 사이로 불화살을 맞고 숨진 수많은 시신들이 보일 뿐, 전혀 인기척이 없는 지율헌 건물이 보인다.
도진, 눈짓하면 대문 밖에 서 있던 활시위를 당긴 궁수들과 검을 든 살수들이 안개를 뚫고 서서히 지율헌으로 들어간다.

18   **D, 지율헌 안**

바닥 가득 활을 맞고 죽은 시신들이 가득한 처참한 풍경의 지율헌.
그런 시신들 사이에 창이 있는지 수색하는 한 조의 내금위.
또 다른 한 조는 혹시나 남아 있을지 모르는 생존자들을 수색하기
위해 천천히 안으로 들어가기 시작하는데..
순간, '탕' 안개 사이로 날아든 총탄에 내금위 궁수 한 명이 쓰러
진다.

19   **D, 지율헌 밖**

총소리에 차가운 눈빛으로 지율헌 쪽을 바라보는 도진.

20   **D, 지율헌 안**

긴장한 시선으로 주변을 경계하는 내금위들.
그때, 또다시 들려오는 '탕' 소리와 함께 쓰러지는 내금위 궁수.

21   D, 지율헌 밖

도진, 검을 빼들며 뒤쪽의 내금위들을 바라보며

도진   조총부대는 나와 함께 들어가고, 나머지는 이곳을 지킨다.

도진과 조총부대 지율헌 안으로 사라지고 다섯 명의 살수가 남는다.

22   D, 몽타주.

-안개를 뚫고 건물 안쪽으로 조총을 겨누며 들어가는 내금위들.
그때, 또다시 '탕' 소리와 함께 날아오는 총알에 또다시 쓰러지는
내금위 한 명. 총소리가 들려오는 방향을 가리키는 도진.
그쪽을 향해 긴장한 눈빛으로 다가가는 도진과 내금위들.

-또 다른 쪽을 수색 중인 내금위들. 그때, 안개 사이에서 은밀히 나
타나 내금위 궁사 한 명의 입을 막고 가슴을 찌르는 검. 무영이다.
궁사의 시신을 건물 안으로 끌어들여 눕히고 활과 목에 걸린 피리
를 가지고 사라진다.

23   지율헌 일각

총소리를 쫓아 건물 안쪽으로 내금위들이 지나가고 난 뒤, 대문과 가장 가까운 건물 뒤쪽에서 안개 사이로 서서히 나타나는 창.
가장 먼저 총을 맞고 쓰러진 궁수의 활과 화살을 잡고 긴장한 눈빛으로 대문 쪽을 바라본다. 술렁이는 안개 사이로 언뜻 보였다 사라지는 대문 쪽을 지키고 있는 다섯 명의 살수들의 모습.
긴장한 눈빛으로 심호흡을 한 뒤, 대문 쪽으로 빠르게 뛰기 시작하는 창.
대문을 지키던 다섯 명의 살수들, 안개 때문에 창을 보진 못하지만 인기척에 멈칫해 보는데, 대문 기둥 뒤로 몸을 숨긴 뒤, 살수들을 향해 화살을 쏘는 창. 한 명, 화살에 맞고 쓰러지는 순간, 검을 빼들고 이쪽으로 뛰어오는 살수들. 목에 걸린 피리를 요란하게 불어댄다.

24   또 다른 지율헌 일각

수색 중이던 도진과 내금위들, 피리 소리를 듣고 눈빛 변하며 몸을 돌려 뛰기 시작하며

도진   입구다!!

25 D, 지율헌 대문

창을 향해 달려오는 네 명의 살수들.

그때, 지율헌 안쪽에서 안개를 뚫고 화살을 연사하며 나타나는 무영.

쓰러지는 두 명의 살수. 나머지 두 명에게 검을 빼들고 달려가는 창.

몇 합을 부딪치는데, 뒤쪽에서 합류하는 무영. 합세하여, 두 명의 살수마저 처치한 뒤 산을 향해 뛰기 시작하는데, 간발의 차이로 대문에 도착하는 도진과 내금위들.

안개 사이로 산 쪽으로 사라지는 창과 무영의 뒷모습이 언뜻 보인다.

내금위 2   저쪽입니다!

추적을 시작하는 내금위들. 도진, 뒤쪽의 내금위 셋을 가리키며

도진   너희는 지율헌을 맡아. 총을 가진 놈이 남아 있다.

하며 다급히 창을 추적하는 내금위들 뒤를 쫓는 도진.

26 D, 산길 일각/몽타주

-산길을 흩어져서 빠르게 뛰어 내려가는 창, 무영.

-그 뒤를 빠르게 쫓기 시작하는 내금위들.

안개 사이로 힐긋 힐긋 보이는 창과 무영의 모습을 확인하며 다른

무리들에게 피리로 위치를 알린다. 산 여기저기서 울리는 피리 소리들.

27   **D, 지율헌**

지율헌 건물 뒤쪽에 몸을 엄폐해 있는 영신, 다시 지율헌 쪽으로 들어서는 내금위 세 명의 모습을 확인하고, 능숙하게 조준을 한다. 술렁이는 안개.
보였다 안 보였다 하는 찰나의 순간, 방아쇠를 당기는데 또다시 한 명이 명중한다. 그와 함께 위치를 바꾸기 위해 다른 건물 쪽으로 뛰어 다시 몸을 숨긴 뒤, 총을 조준하고 방아쇠를 당기는데 총알이 없는 듯 달칵 소리만 난다. 점점 영신을 향해 가까워지는 내금위 궁수들. 영신의 눈빛에 긴장이 흐르는데 순간 내금위들 뒤에서 나타난 서비, 막대기로 내려치려는 순간, 그런 서비의 손목을 잡아채는 내금위. 그 순간, 영신 몸을 날려 내금위들과 육탄전이 붙는다. 이 대 일, 아슬아슬하게 상대방의 검을 이용해 내금위들을 처치하는 영신. 다급히 뛰기 시작하고, 서비 그 뒤를 따른다. 지율헌 대문 쪽에 도착해서

영신   지금이에요!

외치면, 죽은 시신들 사이에 죽은 척 누워 있던 살아남은 소수의 백성들 일어나 입구를 향해 뛰기 시작한다.

28 D, 지율헌 대문 밖

안에서 뛰어나오는 영신, 서비를 비롯한 소수의 백성들.

영신   저희와 같이 있으면 위험합니다.
해가 지기 전에 양산 관아로 가세요. 서둘러요!

그 말에 다급한 얼굴로 창과 무영이 간 반대 방향으로 뛰어 내려
가는 백성들. 영신, 안개 사이로 말을 묶어놓는 말뚝 쪽으로 달려
가면, 묶여 있는 열댓 마리의 말들. 그 뒤를 따르는 서비. 다급히
말고삐를 풀기 시작한다.

29 D, 산길 일각

산길을 빠르게 뛰어 내려오고 있는 창, 그 뒤쪽 산에서 계속해서
들려오는 피리 소리들.

-다시 산길로 돌아오면,
창의 뒤를 쫓고 있는 내금위들. 안개 때문에 가시거리가 좋지 않다.
그때, 들려오는 피리 소리에

내금위 2 남서쪽입니다!

남서쪽을 향해 달려가며 다시 피리를 불면, 또다시 화답하는 또 다른 내금위들의 피리 소리들.

빠르게 남서쪽 산길로 내려서는 내금위들. 산 아래쪽과 가까워지자, 점점 옅어지는 안개. 그런데, 남서쪽 아래를 바라보면 창도 무영도 보이지 않는다.

내금위2   세자가 보이지 않습니다.

그때, 또다시 들려오는 피리 소리.

-또 다른 산길 일각 보면 창 뒤쪽으로 달리고 있는 무영.
피리를 불고 있다.

-도진 쪽 산길을 비추면

도진   (눈빛 차가워지는) 익위사다. 익위사가 우리 신호를 알고 다른 쪽으로 유인했어.
(고개 들어 반대편을 보며) 반대편으로 유인했을 것이다.
북동쪽이다!

30   **D, 금정산 인근 길 일각**

창, 안개가 거의 걷힌 산 아래쪽을 향해 뛰어 내려온다.

산길 아래쪽을 보면 약속이 되 있던 듯 말 위에서 두 마리의 말을
네리고 기나리고 있는 영신과 서비. 창, 다급히 말 위에 올라타고,
뒤를 바라보면 뒤늦게 뛰어내려온 무영, 역시 말 위에 올라타 출
발한다. 영신, 창 옆에서 말을 달리며

영신   상주로 모시겠습니다.

영신 먼저 달려 나가고, 그 뒤를 따르기 시작하는 창, 무영, 서비.
뒤늦게 산길 쪽에서 뛰어 내려오는 내금위들.
달리며 멀어지는 창 일행을 향해 화살을 쏘지만, 아슬아슬 비껴나
가고 점점 거리가 멀어지는 창 일행. 내금위들의 시야에서 사라진다.
그런 모습을 거친 숨을 내쉬며 바라보는 내금위들과 도진.

내금위2 (뒤를 향해) 당장 말을 가져와라. 추적을 시작한다.
도진   서두를 필요 없다.
내금위2 쫓지 않으십니까?
도진   괜찮다. 어차피 저들이 가는 곳을 알고 있다.

도진, 품 안에서 작은 쪽지 한 장을 꺼내서 바라본다.
쪽지에는 '尙州, 安炫'(상주, 안현)이란 글씨.

도진   ... 상주... 안현..

31   D, 한양 전경

32   D, 대제학의 집

굳은 얼굴로 마주앉아 있는 대제학과 교리 1.

교리 1   병판대감은 아직도 기별이 없으십니까?
대제학   생각할 말미를 달라 하셨으니 기다려보세.

그때, '쾅' 문이 열리며 새하얀 낯빛으로 들어서는 교리 2.

교리 2   보..봉합니다. 봉화가 올랐습니다!!

놀라서 교리 2를 보는 대제학과 교리 2.

33   D, 몽타주

-한양, 목멱산 봉화대. 긴장한 시선으로 남쪽을 바라보고 있는 봉수꾼들.
저 멀리 남쪽 광주 천천령의 봉화대에서 두 개의 불줄기가 피어오르고 있다.
-한양성의 네 개 문을 지키는 문지기들. 긴장한 얼굴로 끼이익 큰

문을 닫는 모습들. '쾅' '쾅' 굳게 닫히는 한양성의 문들.

34   D, 궁궐 협문 일각

궁궐 문을 향해 빠르게 다가오고 있는 대제학의 죽교.
죽교 위에서 바라본 사람들의 모습. 길 이쪽저쪽으로 법도도 잊은
듯 당황하고 겁먹은 기색의 백성들이 우왕좌왕하고 있다.
협문에 다다르면 먼저 도착한 듯 죽교에서 내리고 있는 병판이다.

대제학   병판 대감, 이게 어찌 된 일입니까.

그때 다른 방향에서 빠르게 협문 쪽으로 다가오고 있는 죽교.
급히 나오느라 옷매무새가 흐트러진 좌의정이 죽교가 채 바닥에
닿기도 전에 내리다가 쾅당 앞으로 넘어진다. 허둥지둥 하인들의
부축을 받으며 일어서는 좌의정에게 다가가는 대제학과 병판.

좌의정   어찌 된 것이오! 봉화가 두 줄기라던데 맞습니까?
병판   확인해봐야겠지만, 광주 천천령 봉화대에서 불이 올랐다고 들었
          습니다.
좌의정   (사색이 되는) 남쪽이요? 왜적입니다! 전쟁이 난 것이에요!

그때, 또다시 다가오고 있는 죽교. 이번엔 우의정이다.
죽교에서 내려 일행에게 다가오는 우의정.

우의정   전란입니까? 또 왜구가 쳐들어온 것이에요?

병판   아직 아무것도 확인된 것이 없습니다.

우의정   어서 군대를 소집해야 합니다! 손 놓고 있다가 또다시 한양까지
         쳐들어오면 큰일입니다!

         사색이 돼서 얘기를 나누는 대감들을 보던 대제학, 굳은 얼굴로
         입을 연다.

대제학   전하를 봬야겠습니다.

         대화를 나누던 대신들, 화들짝 놀란 얼굴로 대제학을 본다.

좌의정   그게.. 무슨 말씀이십니까. 어찌 영의정 대감의 허락도 없이..

대제학   지금 목멱산의 봉화대에서 봉화가 타오르고 있소!
         이 나라가 위기에 빠졌단 말입니다!

         말문이 막혀 대제학을 바라보는 좌의정과 우의정.

대제학   한시가 시급합니다. 난 강녕전으로 가겠소.

         먼저 협문 쪽을 향해 뚜벅뚜벅 멀어지는 대제학.

병판   (역시 굳은 얼굴로) 대제학 대감의 말씀이 옳습니다.
         나도 전하를 봬야겠습니다.

병판 역시 대제학의 뒤를 따르기 시작하고,

"아니.. 그게.." 어찌할 바를 몰라 하던 좌의정과 우의정도 "대감!
대감!" 하며 그 뒤를 따르기 시작하는데,

35   D. 궁궐 일각

저 앞쪽으로 보이는 강녕전을 향해 빠르게 걷고 있는 대제학과 그
뒤를 따르고 있는 병판.
당황한 얼굴로 그 뒤를 "대감! 대감!" 하며 만류하려 따라오고 있
는 좌의정과 묵묵히 따르는 우의정.

좌의정   (다른 대감들에게) 어찌 좀 말려보세요.
우의정   두 분 대감들의 말이 맞습니다. 전란 때를 잊으셨습니까?
         버선발로 전하를 뫼시고 강을 건너지 않았습니까.
         전하를 직접 뵙고 어서 이어를 준비해야 합니다.

대제학과 병판 뒤를 따르는 우의정.

좌의정   (좌불안석 혼잣말) 아니, 중전마마의 명이 계셨는데...

좌의정, 그러면서도 어찌할 수 없이 그 뒤를 따르고..
앞서가던 대제학, 강녕전 문에 도착하는데 막아서는 내금위들.

대제학   비켜라. 내 전하께 아뢸 말이 있다.

내금위1   외인의 출입을 엄금하라는 명이 계셨습니다.

그때, 뒤따라오던 대감들도 도착하며

우의정   이놈! 우리가 누군 줄 몰라 이러는 것이냐!

내금위1   아니 됩니다.

우의정   (한발 내딛으며) 네 이놈!!

하는데, 순간 칼을 뽑아드는 내금위들. 놀라서 멈칫하는 대감들.

내금위1   물러나십시오.

우의정   (분노한 듯 나서며) 감히 어디서 칼을 뽑아드는 게냐! 비키거라!

내금위1   그 누구도 들일 수 없습니다!

칼을 빼든 내금위들과 대감들, 일촉즉발 그 누구도 물러서지 않는
데.. 그때 뒤쪽에서 들려오는 목소리.

조학주(소리) 그리도 전하가 보고 싶으셨소?

대감들 뒤돌아보는데, 황혼 아래 드리워진 긴 그림자와 함께 한발
한 발 다가오고 있는 한 손에 나무 상자를 든 조학주.
언제나처럼 한 치의 흐트러짐 없는 모습이나 형형하게 빛나는 눈
빛이 평소와는 다르게 느껴진다.

좌의정	대감! 저는 절대 안 된다 말렸거늘, 대제학 대감이..
조학주	(말 끊으며) 뵈셔야죠. 당연히.. 이 나라를 이끄시는 조정 중신들 아니십니까.

놀라서 조학주를 바라보는 대감들. 내금위들 역시 멈칫하며 조학주를 바라본다. 조학주, 천천히 내금위들에게 다가간다.

조학주	비켜라.

내금위들, 조학주의 눈치를 보다가 천천히 뒤로 물러서며 강녕전으로 연결된 문을 연다. 문 너머 황혼이 지는 석양 아래 강녕전을 바라보던 조학주.

조학주	다 같이 전하를 뵈러 가십시다.

36   D, 강녕전 건물 안

창문 너머로 황혼이 비쳐오는 건물 복도를 걸어 들어오는 조학주를 비롯한 대감들. 좌의정은 안절부절이고 '대제학은 도대체 무슨 생각이지?' 의심에 찬 눈빛. 건물 곳곳에 자리한 내금위와 내시들, 상궁들 가장 앞장서서 들어서는 조학주의 눈치를 보며 어찌할 바를 모르는데..
성큼성큼 왕의 침소로 다가서고 있는 조학주와 대감들.

저 앞쪽으로 왕의 침소의 방문이 보이기 시작하고..
햇빛은 점차 가늘어지고 있는데..
순간, 옆쪽 복도에서 걸어들어와 가로막는 그림자. 분노한 눈빛의
계비다.

계비　지금 뭣들 하는 겝니까!

계비가 나타나자, 조학주 외에 긴장한 기색으로 부복을 하는 대감들.

대제학　중전마마, 봉화가 올랐사옵니다.
전하를 뵙고 사태를 진정시켜야만 하옵니다. 통촉하여주시옵소서.

계비의 시선, 복도 창문 너머로 점점 엷어지는 햇빛을 바라보고
있다. 눈빛에 초조함이 감돈다.

계비　아무리 화급하다 하나 위독한 전하의 침소 앞에서 이 무슨 짓입니까.
조학주　(다가서며) 비켜주십시오. 더 이상 전하의 병증을 숨길 순 없습니다.
계비　아버님! 도대체 왜 이러시는 겁니까?

조학주, 뒤쪽의 대감들에게

조학주　뭐 하십니까. 들어가시지요.
계비　(부들부들 떨며 보다가 내시들에게) 뭣들 하느냐. 대감들을 밖으로 뫼시
지 않고!

내시들, 대신들에게 다가오려는데 조학주 한 발 더 앞으로 나서며

조학주   (시선은 계비에게 향하며) 물러서라.

내시들, 어찌할 바를 모르고 섰는데..
그때, 완전히 넘어가는 햇빛. 어둑어둑해지는 복도.
조학주의 얼굴에도 계비의 얼굴에도 검은 그림자가 드리워진다.
그리고 침소 쪽에서 들려오는 '크르르' 하는 짐승의 울음소리.
긴장해서 굳는 계비와 내시들, 궁녀들의 눈빛.
대신들, 이게 무슨 소리지? 하는 얼굴들.
그러나 조학주만은 한 치의 흔들림도 없다. 계비를 지나 천천히
침소의 문 쪽으로 걸어가며

조학주   남쪽 땅에서 왜 봉화를 올렸는지 아십니까? 왜적도 전란도 아닙
니다.
역병이 퍼진 것입니다.

대제학   ...역병이요?

침소 쪽에서 들려오는 짐승의 울음소리는 점점 커져간다.

조학주   그렇소이다.
해가 뜨면 잠이 들고 해가지면 깨어나 산 사람의 피와 살을 탐하
는 끔찍한 역병이지요.

순간, 왕의 침소의 문을 '쾅' 열어버리는 조학주.
'크아아악!' 끔찍한 괴성과 함께 괴물이 된 왕이 인육을 갈구하는
듯 문 안에서 이쪽을 향해 튀어나올 듯 몸부림을 치고 있다.
'으아아악!' 충격에 빠져 비명을 지르는 좌의정과 우의정,
대제학 역시 충격으로 비명도 지르지 못하고 굳은 눈빛으로 괴물
로 변한 왕을 바라본다.

조학주   잘 보시오! 이 나라 조선 땅 만백성의 어버이이신 지엄한 왕이십
          니다!

'으아아악!' 비명을 지르며 우당탕 자기 옷을 밟고 넘어지며 우왕
좌왕 내금위와 내시들 뒤로 숨어 바들바들 떠는 좌의정과 우의정.
충격에 부복한 채로 그 자리에 굳은 듯 부들부들 떨고 있는 대제
학과 병판. 벌벌 떨며 괴물로 변한 왕을 보던 대제학 겨우 정신을
가다듬고 얘기한다.

대제학   ...해가 뜨면 잠이 들고.. 해가 지면 깨어나 산 사람의 피와 살을..
          탐하는 끔찍한 역병이라.. 하셨소?
조학주   (보는)
대제학   ...강녕전에서 매일 죽은 궁녀가 실려 나온다 들었소이다.
          그게... 모두 이 병 때문이었던 것입니까?
조학주   ..그렇다면요.

계비, 조학주를 불안한 눈빛으로 보고, 병판 역시 놀라서 보는데

조학주　역병으로 이성을 잃고 인육을 탐했다면 이분이 왕이 아니십니까?

왕이 아니라면 이분이 누구십니까?

아직도 살아 계신 전하를 왕이 아니라 부인하는 것입니까?

대제학　(떨리는 눈빛으로 보는)

조학주　그래서 세자와 유생들을 꾀어내 전하 대신 용상을 차지하라!

역모를 꾀하신 겁니까?!

병판대감　.. 그 무슨..

순간, 소매 속에서 연판장을 꺼내 병판의 앞에 던지는 조학주.

연판장을 알아보고 낯빛이 새하얘지는 대제학.

떨리는 손으로 연판장을 열어보는 병판. 대제학과 세자 이창의 이름을 보고 놀란다. 조학주, 여전히 미친 듯이 인육을 갈구하고 있는 왕을 가리키며

조학주　전하께선 중한 병에 드셨으나 여전히 이 나라 조선의 임금이요, 우리의 주군이십니다. 그런 전하에게 반기를 들고 보위를 탐한 죄, 삼족을 멸할 역요. 당장 대제학 김순을 의금부로 압송해 참하고, 남쪽 땅으로 도주한 세자 이창은 세자를 폐한 뒤, 사약을 내리는 것이 마땅할 것이오!

순간 내금위 뒤에서 발발 떨던 좌의정, 무릎을 꿇고

좌의정　영상대감의 말씀이 옳습니다!

우의정　맞소이다. 그 말씀이 모두 다 옳습니다!

조학주, 광기로 번들거리는 눈빛으로 병판을 본다.

병판 (조학주를 보다가 일어나 내금위들을 보며) 뭣들 하느냐!
당장 죄인 김순을 의금부로 압송하라!

대제학, 모든 게 끝났구나.. 눈을 감고..
내금위에 의해 무자비하게 끌려나가는 대제학.

37   N, 중궁전

마주앉아 있는 계비와 조학주.

계비 (불쾌함이 엿보이는) 언제부터 꾸미신 겁니까?

조학주 (말없이 계비를 보는)

계비 언제부터 대신들에게 전하를 보여주려 하신 건지 모르나 이런 일
을 꾸미실 땐 제게 먼저 상의를 하셔야죠.
전 아버님의 딸이기 전에 이 나라의 국모입니다.

조학주, 그런 계비를 보다가 뒤에 가지고 온 나무 상자 하나를 계
비 앞에 내려놓는다. 계비, 뭐지? 보다가 뚜껑을 열다가 흠칫 놀란다.
상자 안에 들어 있는 건 범일의 머리다.

조학주 다... 죽일 것이다. 모두 다..

38   N, 의금부 국청

밤, 타오르는 횃불들 아래 끌려오는 대제학.
그때 미리 끌려온 자신의 수많은 식솔들을 보고는 눈빛이 떨려온다.
늙은 부인, "아버지!" 눈물을 흘리는 아들들, 하인들, 며느리들..
그리고 이미 피투성이가 돼 있는 교리들.
대제학의 눈빛에 모든 희망이 사라져버리며 깊은 슬픔이 가득 찬다.
그런 모습 위로

조학주(소리)   내 아들을 죽인 세자와 그 세자를 따르는 무리들 모두..
처참히 죽여버릴 것이다.

39   N, 중궁전

계비를 바라보는 조학주의 눈빛, 광기로 가득하다.

조학주   그 일을 방해하는 자들도 모두 용서치 않을 것이다.
그러니 다시는 내 앞을 가로막지 말거라.
내가 널 그 자리에 앉힌 건 날 가로막으라 앉힌 것이 아니다.

계비   (보는)

조학주   ...아들을 낳거라. 반드시 아들이어야 한다. 그것이 네가 해야 할
일이다.

계비, 조학주의 얘기를 들으며 범일의 머리를 가만히 바라보다가

계비   ...걱정하지 마십시오. 그리하겠습니다.
오라버니를 대신할 해원 조씨의 아이..
왕실의 대를 이을 아들을 내가 낳아드리겠습니다.

촛불 아래 일렁이는 계비의 눈빛에서

40   N, 한양 사대부집 별채

정갈하게 꾸며진 넓고 큰 방.
상위에 차려진 산해진미들을 허겁지겁 먹고 있는 만삭의 임산부들.
고생의 세월을 말해주듯 주름살 가득한 시커멓게 그은 까칠한 얼
굴, 격식 없이 허겁지겁 밥 먹는 모습에서 무지렁이 천민의 느낌
이 보이고, 사대부집 식솔 느낌의 아낙이 임산부들 앞에 계속 음
식을 내오고 있다.

임산부 1 (아낙 보며 고마움에) 아이고 안 그래도 힘든 터에 저희 같은 천것들
을 이리 챙겨주시니 이 은혜를 어찌...
아낙   (사람 좋은 미소) 그런 걱정 말고 음식이나 많이 들어요.

아낙, 돌아서 나가는데
임산부 1 옆에서 역시 허겁지겁 먹던 임산부 2.

225

임산부 2 근데 진짜 뉘시래요? 저희 같은 것들을 거둬주신 분이..

임산부 1 아무도 말을 안 해주는데 그걸 어찌 알아.

임산부 3 좋은 음식에 따뜻한 방에 고맙긴 한데 좀 이상하지 않아요?

오갈 데 없는 임산부들만 이리 모아놓은 게..

임산부 1 고맙다 생각하고 줄 때 먹어봐. 배 보니 이제 곧 애 태어날 것 같

은데 많이 먹어야 쑥쑥 낳지.

임산부 1, 얘기하다가 가장 끝 쪽에 말없이 앉아서 식사를 하고 있

는 얌전해 보이는 임산부 4를 본다.

임산부 1 근데.. 그쪽은 어쩌다 여기 온 거유? 보아하니 우리랑은 처지가 다

른 듯한데..

임산부 4 (미소 지으며) 남편이 여기 가 있으라고 해서요.

임산부 2 그게 무슨 소리래요? 남편이 여기 주인이랑 아는 사이래요?

임산부 4 남편이 세자 저하를 모시는 익위산데 동래로 출장을 갔거든요.

가면서 걱정이 됐는지 여기 가 있으라고 해서 온 거에요.

임산부들, "다정도 하시지" "그러게 여자 팔자 뒤웅박 팔자 아니

유" "딱 보니 우리 같은 과부 팔자하곤 달라 보이더라니까" 하며

대화를 이어가는데 화면, 다시 식사를 시작하는 임산부 4 (이하 김 씨

부인이라 칭함)에게 서서히 다가간다.

41   N, 길 일각

전 씬에서 서서히 말을 타고 상주로 향하고 있는 무영의 얼굴로 오버랩되는 화면, 무영, 옆에서 함께 말을 달리고 있는 창의 얼굴을 잠시 보다가 다시 속도를 높인다.

함께 상주로 향하고 있는 일행, 그들 중 창과 무영의 모습에서

킹덤

5부

KINGDOM

1 N, 강가 일각

반짝반짝 빛을 내며 평온하게 흐르고 있는 강물.

모닥불을 피워놓고 앉아 있는 창. 서비는 조금 떨어진 뒤쪽에서 모닥불에 나뭇가지를 던져 넣고 있고.. 무영은 물을 채워온 듯 수통을 들고 창에게 다가오는데..

창, 말없이 육포 하나를 들고 바라보고 있다.

무영, 그런 창을 보다가.. 다가와 수통을 창 곁에 놓으며

무영   (시선은 강을 본 채 무심한 듯) 저하의 잘못이 아닙니다.

저하는.. 그들을 살리기 위해 최선을 다 하셨습니다.

창   ...내가 먼저 나섰더라면... 살릴 수도 있었다.

무영	그랬다면 저하가 돌아가셨을 겁니다.
창	…
무영	살아남아야 하신다면서요. 살아남기 위해 역모까지 가담하신 것 아니십니까.
창	..(자조적인) 난 다르고 싶었다. 힘없는 백성들을 버리고 간 자들과 다르고 싶었다.

그때 들려오는 서비의 목소리.

서비	다르셨습니다.

창, 무영 서비를 바라본다.

서비	..제 눈엔 그리 보였습니다.

창, 그런 서비를 보다가 다시 고개 돌려 강물을 말없이 바라보는데, 그런 창의 어깨에 보이는 핏자국. 서비, 그런 창을 보다가

서비	상처를 치료할 약초를 좀 찾아보겠습니다.

일행을 벗어나 혼자 숲 쪽으로 가는 서비.

2   N, 숲 일각

강가에 면한 숲, 풀들을 헤치면서 약초를 찾던 서비, 약초를 발견
하고는 서둘러 흙을 파헤치기 시작한다.

3   N, 강가 일각

모닥불 옆에 앉아 있는 창과 무영.

창   그자는 돌아왔느냐?
무영   (보다가) 이름도 모르시죠?
창   (보는)
무영   영신이라는 이름도 호패도 다 가짭니다. 믿을 수 없는 잡니다.
창   지금 우리에겐 상주를 잘 아는 길잡이가 필요하다.
무영   조총은 사용 방법이 까다로워 표적을 명중시키기까지 엄청난 훈
      련을 받아야 하는데 그자는 마치 장난감처럼 조총을 다뤘습니다.
      심지어 내금위 조총 부대보다도 한 수 위였죠.
      조선팔도에서 그리 총을 잘 다룰 수 있는 건..
      착호군들뿐입니다.
창   호랑이를 잡는 전문부대를 말하는 것이냐..
무영   예, 호랑이 사냥은 목숨을 걸 만큼 위험한 일이라 출신 성분은 가
      리지 않고 무예 실력만을 보고 뽑기 때문에 착호군에는 위험한 자
      들이 많습니다. 그자들은 살아남기 위해선 그 어떤 일도 저지른다

들었습니다.

창   (자조적인) 살아 남기 위해선 그 어떤 일도 저지른다..
나와 비슷한 자들이구나..

그때, 저 멀리에서 다가오는 영신.
그런 영신을 보는 무영의 눈빛엔 여전히 의심이 남아 있는데..

창   어찌 됐느냐?

영신   쫓아오는 군사들은 없었습니다. 그리고 몇몇 마을을 살펴봤는데, 아직 역병이 퍼지진 않았으나 다들 소문을 듣고 불안에 떨고 있었습니다. 텅 빈 집들이 많은 걸로 보아 이미 피신한 사람들도 많은 듯합니다.

창, 무영, 낯빛 가라앉는데..

4   N, 숲 일각

뿌리가 길게 이어진 약초를 캐내는 서비.
그 순간 뒤쪽에서 바스락거리는 소리가 들린다.
서비, 멈칫하고 돌아보면.. 다시 조용..
'별일 아닌가' 서비, 다시 약초를 잡는데.. 또다시 들려오는 바스락 소리.
수상하다. 긴장한 서비, 조심스레 횃불을 움켜쥐고는.. 휙 돌아보는데, 등 뒤에 나타난, 붉은 피로 범벅이 된 괴기스런 형상.

5   N, 강가 일각

'끼아아악' 산 쪽에서 들려오는 서비의 비명 소리에 놀라서 검을
뽑으며 일어나 산 쪽으로 뛰어오는 창과 무영, 영신.
그때, 산 쪽에서 사색이 돼서 뛰어나오는 서비. 창의 뒤쪽으로 뛰
어들며

서비   괴물입니다!

서비의 소리에 긴장해서 산 쪽을 보는 사람들.
그때, 바스락바스락거리며 다가오는 발소리.

(소리) 물.. 물을.. 다오..

사람의 목소리에 멈칫해 바라보는 사람들.
흔들리는 수풀 속에서 비틀비틀 걸어 나오는 형상.
모닥불 빛에 비춰 서서히 얼굴이 드러나는데
온몸이 피범벅이 된 초췌한 행색의 범팔이다.

무영   ...저.. 저자는..
서비   ..부사 나으리?

헤롱헤롱 거의 제정신이 아닌 범팔 역시 걸어 나오다가 창과 시선
마주치자 얼음이 되어버린다.

범팔   (설마하는 눈빛으로 보는) ...저 ...저하?

그런 범팔을 보던 창의 눈빛, 분노로 떨려온다.

범팔   저하.. 저하가 맞으십니까?

범팔을 향해 뚜벅뚜벅 걸어가는 창, 범팔을 콱 잡아 바닥으로 내
동댕이친다.
'으아악' 바닥으로 밀쳐지는 범팔.
창, 범팔의 목을 거세게 짓밟는다.

범팔   저.. 저하.. 사..살려..
창   너...! 니가 버린 백성들이 얼마나 많은 피를 흘렸는지 아느냐!!
무영   저하, 그만하십시오.

창이 세게 누르자 더욱 괴로워하는 범팔.

무영   저하, 그만하십시오. 죽이기도 아까운 인간입니다.

창, 그제야 놓아주자 켁켁거리며 숨을 내쉬는 범팔.
범팔을 일으키던 무영, 남루한 몰골을 보고는..

무영   도망가신 주제에 어찌 이런 행색으로 있는 겁니까?
범팔   그.. 그것이.. (겁먹은 눈빛으로 조아리며)

조운선   .. 조운선에..... 역병이 퍼졌습니다.

순간 놀라 범팔을 보는 창 일행.

창   그게.. 무슨 소리냐?
범팔   병자의 시신이 배에 태워져 있었습니다. 그 시신 때문에 모든 사
        람들이 역병에 걸려버리고 저만 혼자 겨우 빠져나왔습니다.

창, 믿기지 않는 사실에 부들부들 떨며 범팔을 바라보다가

창   그 배는 어디 있느냐?
범팔   성주 들어섰을 때 역병이 퍼졌으니까.. 지금쯤엔..
영신   성주를 지났다면 이제 곧 상주입니다.
무영   (창에게) 파발을 보냈으니 상주에서는 방비를 하고 있을 겁니다.
범팔   그.. 그것이.. 파발은 동래 인근 읍성에만 보냈습니다.

기가 막힌 얼굴로 범팔을 보는 일행들.

무영   상주는 지형이 동래와 다릅니다. 상주 관할 문경새재만 뚫리면 충
        청을 지나 바로 한양입니다.

점차 굳어지는 사람들의 얼굴.

6 N, 낙동강 일각

밤, 달빛 아래 낙동강 물결을 따라 끼이익끼이익 소리를 내면서
흘러가고 있는 조운선. 배 안에서는 들릴 듯 말 듯 '크르르르' 하
는 짐승들의 울음소리가 들려오고 있는데..
바람을 가득 받아 펄럭이는 돛, 서서히 다시 방향이 바뀌는 조운선.
점차 뭍을 향해 다가오고 있다.

7 몽타주

-밤, 길을 따라 말을 달리고 있는 창 일행.
범팔은 무영의 뒤에 타고 있는데, 그 와중에도 말을 타고 달리는
서비를 힐긋 보고 있다.
-낮, 강가를 따라 말을 달리는데, 저 앞쪽으로 산이 보이기 시작한다.

영신   저 산만 넘으면 상줍니다!

더욱 속도를 높이는 일행의 모습 위로

창(소리) 상주가 뚫리면.. 이 나라 모든 땅에 역병이 퍼질 것이다.
막아야 한다.

8   D, 상주 읍성 거리일각

쨍과리와 징 소리가 귀청을 뚫을 듯 들려오는 상주 읍성 거리.
여기저기서 무당들이 푸닥거리를 하고 있다.

백성1   그 소문이 진짜가? 귀신 들린 역병이 돈다면서?
백성2   목 잘린 귀신들이 밤만 되면 나타난다던데.

점차 확대되는 괴소문이 상주 백성들에 번져나가고...

9   D, 상주 인근 야산 일각

노모의 묘지에서 삼년상을 치르는 안현.
가노 덕성이 안현에게 얘기를 올리고 있다.

덕성   동래에서 올라온 봉화는 아직 파발이 도착하지 않아 자세한 상황
        은 관아에서도 알지 못했습니다. 헌데.. 경상 땅에 이상한 소문이
        돌고 있습니다. 동래에서 역병이 돌기 시작했는데 병자들의 모습
        이 죽어도 죽지 않는 괴물이라 합니다.

        순간, 전혀 미동도 없던 안현의 눈빛, 멈칫한다.

안현   차비를 하거라.

덕성	(보면)
안현	(서서히 일어나 뒤를 바라본다) 산을 내려갈 것이다.

10　D, 상주 읍성 거리 일각

꽹과리가 이어지는 상주.
거리 일각에서는 부적을 팔고 있는 장사꾼. 그 옆에는 계속해서 부
적을 쓰고 있는 어린 동자와 같은 무리로 보이는 험상궂은 사내들.

장사꾼	이 부적만 있으면 그 어떤 병도 그 어떤 귀신도 물러갈 걸세.
	단돈 열 푼! 열 푼이오!
백성1	제발, 한 장만 주게. 내 가진 돈이 이것뿐일세.

불안에 떨던 사람들이 부적을 사려 몰려드는데..
안현 일행이 읍성 안으로 들어온다.
읍성 안 사람들, 안현 대감을 보자 황급히 길 양편으로 갈려 머리
를 조아리며 큰절을 올리기 시작한다.
'안현 대감이셔..' '안현 대감마님이 산을 내려오셨네.' '이제 우린
살았어.'
존경과 선망의 눈빛으로 지나치는 안현 무리들을 바라본다.
그때, 저 멀리에서 말을 타고 달려오는 역시 상복 차림의 가노 1.
안현에게 다가와 공손하게 머리를 조아리며

가노 1 　대감마님, 읍성 주변을 조사하던 중에 강가에서 이상한 걸 발견했습니다. 직접 가서 보셔야 할 듯합니다.

11　D, 상주 인근 강가

말을 타고 강변 쪽 산길을 향해 다가가고 있는 안현 일행.
가장 먼저 앞장서고 있는 가노 1.
그 뒤를 쫓아가는 안현의 시선에서 서서히 보이기 시작하는 강가에 펼쳐진 광경. 강가에 기우뚱 좌초되어 있는 조운선이다.

가노 1 　세곡미를 운반하는 조운선입니다.
안현 　나라에서 운영하는 중한 배가 왜 이곳에 좌초돼 있는 것이냐.
가노 1 　큰 난리가 있었던 듯 보입니다. 아무래도 동래에서 올라온 봉화와 관련이 있는 것 같습니다.

12　D, 산길 일각

상주로 향하는 산길을 넘고 있는 창 일행.
산길 아래에 허름한 가옥들이 옹기종기 모여 있다.

창 　깊은 산속에도 마을이 있구나.
영신 　화전민들 마을입니다.

마을을 내려다보며 걸어가는 일행들.
뒤따르던 범팔, 킁킁거리고 냄새를 맡고는 의아한 얼굴이다.

범팔   어라? 이건.. 고기 굽는 냄샌데..

13   D, 조운선 갑판 밑

열려진 갑판 문 아래 사다리를 타고 내려오고 있는 안현 일행.
밖에 비해 어두침침한 갑판 밑을 천천히 둘러보는 안현.

덕성   갑판 위도 그렇고 이곳도 그렇고 온통 피투성이입니다.

주변을 둘러보던 안현, 긴장한 눈빛으로 입을 연다.

안현   이리 피 칠갑이 되어 있는데.. 죽거나 다친 사람들은 모두 어디로
       간 것이냐?

안현의 시선으로 그제야 보이는 갑판 아래.
사람 하나 물건 하나 보이지 않고 텅 비어 있고, 벽과 이곳저곳에
핏자국들만 남아 있을 뿐이다.

14   D, 화전민 마을

허름하다 못해 쓰러져가는 움막들이 이십여 채 정도 모여 있는 화전민 마을. 다들 허름한 행색에 까맣게 그을린 주름살 가득한 얼굴. 피죽도 못 얻어먹은 듯 삐삐 마른 주민들. 오늘만큼은 얼굴 가득 화색이 돌고 있다.

마을 공터에 피워놓은 모닥불 위에 구워지고 있는 돼지고기를 허겁지겁 나눠 먹고 있는 사람들.

다른 한쪽 모닥불 위의 가마솥 뚜껑을 여는 아낙. 안을 보면 모락모락 김이 피어오르는 하얀 쌀밥을 아이들과 사람들에게 나눠주고 있고..

한쪽에선 붉은 비단 치마를 갖고 놀던 여자아이, 다른 아이들과 서로 갖겠다고 싸우고 있는데..

허겁지겁 고기를 뜯던 사람들, 창 일행의 말발굽 소리가 들려오자 눈빛 굳으며 일어나 다급히 서로에게 손짓을 하기 시작한다.

쌀밥 뚜껑을 닫고, 불을 다급히 *끄기* 시작하는 장정 1.

아낙 1, 아이가 갖고 놀던 붉은 비단 치마를 들고 움막 한 군데로 들어가 숨기고, 움막들의 앞을 허름한 천을 내려 가리기 시작한다. 그러나 굽던 고기들은 미처 치우지 못하고 사람들이 앞에 모여서며 어설프게 가리는데 이미 마을로 들어서기 시작하는 창 일행.

영신, 마을 사람들이 가려보려 했지만, 여기저기 떨어져 있는 쌀밥들에 사람들 뒤로 보이는 고기들을 보며

영신   이상합니다.. 쌀 한 톨이 없어 굶어 죽는 판국에 고기에 쌀밥이라뇨.

장정들을 비롯한 마을 사람들. 들어서는 창 일행을 보고 서로 눈치를 보기 시작하다가 가장 나이가 많은 촌장, 창 일행 앞에 가서 머리를 조아린다.

촌장   이 깊은 산속까지 무슨 일로 오신 겁니까?

창   ...저 음식들은 어디서 난 것이냐?

음식들 얘기가 나오자 어찌할 바를 모르며 눈치를 보는 사람들.

촌장   저, 그것이, 오늘 마을에 잔치가 있어 품팔이를 하고 얻은 것입니다.

창, 그런 촌장 일행을 의심스럽게 보는데.. 범팔, 아낙 1이 가리는 듯 선 움막 가리개천 아래로 뭔가를 본 듯, 말에서 내려 움막을 향해 다가온다.

범팔   (아낙 1에게) 비켜보거라.

아낙1   (크게 당황해 어찌할 바를 모른다)

범팔   아, 비켜보래도.

아낙 1을 억지로 밀어내는 범팔, 가리개천을 올리고 안을 보는데, 안에 쌓여 있는, 조운선에 실었던 짐들.

범팔   여기 조운선에 실었던 짐들이 있습니다!
        이들이 조운선을 약탈한 듯합니다.

범팔의 말에 사색이 되는 아낙 1, 무릎을 꿇고 바싹 엎드리며

아낙1   잘못했습니다. 살려주십시오.

그 뒤를 이어 겁에 질린 여자들과 마을 사람들 하나 둘씩 무릎을 꿇고 빌기 시작한다. 몇몇 장정들은 자포자기한 듯, 굳은 얼굴로 주저앉고..

장정 1   처음부터 그러려고 한 것은 아닙니다. 그저, 눈앞에 먹을 것에 눈이 어두워 그만.. 살려주십시오.
촌장   맞습니다. 저흰 그저 배 안의 음식들이 탐났을 뿐입니다.
　　　　용서해주십시오.
창   시신들은? 시신들은 어쨌느냐?

마을 사람들, 시신 얘기가 나오자 멈칫하며 벌벌 떨기 시작한다.

촌장   저희가 그러지 않았습니다. 정말입니다. 처음부터 죽어 있었습니다.
　　　　산짐승들한테 당한 듯 모두 물어 뜯겨있었습니다. 믿어주십시오.
창   너희들은 절대 저질러선 안 되는 중한 죄를 지었다.
　　　　허나 배고픔을 이기지 못해 이런 죄를 저질렀음을 잘 알고 있다.
　　　　그 시신들을 어찌 했는지 이실직고한다면, 내 그 죄를 감면해줄 것이다. 그러니 어서 대답하거라!
촌장   (망설이다가) 그냥 두면 산짐승 먹이가 될 듯해 모두 묻어주었습니다.
무영   그곳이 어딘가?

그때 자포자기한 듯 앉아 있던 장정 1이 일어선다.

장정1   저희가 안내하겠습니다.

그런 장정 1을 바라보는 창 일행.

15   **D, 상주 인근 강가 일각**

조운선 근처에서 굳은 눈빛으로 수상한 것이 없는지 살피고 있는
안현과 가노들. 그때, 저쪽에서 달려오는 덕성.

덕성   수레바퀴 자국을 찾았습니다!

16   **D, 강가, 갈대풀밭**

황혼이 내리고 있는 갈대풀밭.
엄청난 넓이의 사람 키만큼 자란 갈대밭에 도착하는 화전민 장정
열댓 명, 모두 한손에 곡괭이며 갈퀴, 낫, 갈고리 등 시신을 파낼 수
있는 도구들을 들고 걷고 있고, 그 뒤를 따라 빠르게 걷고 있는 창
일행.
창, 황혼이 내려앉는 하늘을 바라보며

창   아직 멀었느냐?

무영   서둘러라. 시간이 없다.

장정1   거의 다 왔습니다.

갈대풀밭 안으로 안으로 들어가는 장정들, 들어가며 서로 눈짓을 교환하다가 거의 갈대밭 중앙쯤에 도착했을 때, 천천히 돌아선다.

영신   여깁니까?

하는데, 대답 없이 가만히 창 일행을 바라보는 장정들. 천천히 가지고 온 곡괭이, 갈퀴 등을 고쳐 잡는다.

범팔   뭣 하는 짓이냐? 어서 안내하지 않고!

장정 1, 죄책감이 엿보이는 눈빛이지만 결심이 선 듯 한 발자국 나서며

촌장   공물을 건드린 자는 무조건 효시형이라는 걸 알고 있습니다.

범팔   도대체 무슨 얘길 하는 것이냐?

장정1   우린 살 만큼 살았으니 죽어도 되지만.. 우리 아이들까지 죽일 순 없습니다.

장정2   나으리들만 없으면 우리 죄를 아무도 모를 것입니다.

곡괭이를 앞세운 채 서서히 창 일행을 바라보는 장정들.

창 　 이 일은 공물 따위보다 훨씬 중요한 일이다. 너희와 너희의 아이
　 　 들, 아니, 경상 땅의 모든 백성들이 죽을 수도 있다.
　 　 그러니 어서 시신들이 있는 곳으로 안내해라!

창의 말에 멈칫하지만 그래도 부들부들 떨리는 손으로 곡괭이와
갈퀴 등을 고쳐 쥐고 결심한 듯, 창 일행에게 다가오는 장정들.

창 　 배고픔에 귀까지 멀었느냐! 시신들은 도대체 어디 있는 것이냐!!

그런 창의 얼굴 위로 서서히 사라지는 햇빛.
순간, 창 일행 쪽으로 다가오던 장정들 중 가장 뒤쪽의 장정, 갑자
기 누군가 잡아 끈 듯 '으악' 비명을 지르며 갈대풀 아래로 사라진다.
본능적으로 검을 빼드는 창 일행.
장정들 연이어 하나둘씩 "으아악!" 비명을 지르며 사라지고..
가장 선두에 섰던 장정 1, 놀라서 주변을 두리번거리는데..
창과 장정 1의 중간쯤 갈대밭에서도 순간, 땅을 뚫고 '쾅' 올라오
는 괴물의 손. 뒤이어 땅을 뚫고 튀듯이 창의 눈앞에서 튀어 올라
오는 괴물, 장정 1을 덮치려 하자.. 다급히 장정 1을 몸으로 밀어
내고 괴물을 베어버리는 창. 동시에 창의 뒤쪽에서 괴물이 솟구치
는데..
저 멀리에서 빙글빙글 돌면서 갈대풀들을 사사사삭 스치듯 자르
며 날아오는 날카로운 박도. 놀라서 그쪽을 바라보는 창.
하지만 보이는 건 무성한 갈대뿐..
다시 곳곳에서 튀어 오르는 괴물들을 다급히 베기 시작하는 창.

그때 갈대밭 안으로 사사삭 민첩하게 뛰어오는 가노들의 발이 보인다.

발소리가 지나간 곳에서 툭, 툭 바닥에 떨어지는 괴물들의 잘린 목..

창, 또다시 튀어오르는 괴물의 머리를 베는데, 순간 '쉬익' 어디선가 날아온 화살들이 괴물의 미간에 박힌다. 놀라서 다시 주변을 둘러보는 창.

정체를 알 수 없는 원군을 찾지만, 어둠이 내린 갈대밭 원군의 모습은 보이지 않는다.

또다시 튀어 나오는 괴물들을 상대하는데 "끼아악" 울려오는 서비의 비명 소리. 요리조리 잘 도망 다니던 서비의 눈앞으로 괴물이 튀어나온 것이다.

서비, 괴물의 공격을 피한 뒤, 바닥에 떨어진 곡괭이를 들어 본능적으로 또다시 덤벼드는 괴물의 머리를 쳐버린다. 그러나 뒤이어 또다시 서비에게 몰려드는 괴물들.

다급히 서비 쪽으로 뛰어가려는 창.

순간, 서비를 덮치려던 괴물, 불이 붙은 채 미친 듯이 날뛰기 시작한다.

보면 괴물이 등 뒤에서 불화살(화전)을 맞은 것이다.

그 뒤에서 또다시 불화살을 시위에 겨누고 있는 사람, 덕성이다.

불붙은 괴물, 쓰러지면서 갈대밭에 불길이 붙기 시작하고

그제야 낮처럼 밝아지는 갈대밭. 창, 원군의 모습들을 확인한다.

망설임 없이 괴물들의 목을 쳐내는 가노들.

서비의 코앞에서 튀어나오는 괴물의 목을 쳐버리는 가노.

그런 모습을 멈칫해서 바라보는 서비의 눈빛.

그 가장 앞에 서서 검으로 목을 치고 있는 그림자, 바로 안현이다.

쉭-!! 안현의 묵직한 검이 움직이자 뎅구르르 바닥을 구르는 마지막 괴물의 목..

모두의 움직임이 멈추고 정적이 흐르는 가운데.. 뚝뚝 검붉은 피가 떨어지는 검을 든 안현, 창과 시선이 마주친다.

불타는 갈대밭, 서로를 바라보는 창과 안현.

안현을 바라보는 창의 눈빛에 그리움이 배어나기 시작한다.

17   D, 과거, 궁궐 일각

인적이 드문 길목을 걷고 있던 안현.

저 앞쪽 뭔가를 발견하고는 우뚝 멈춰 선다.

전각을 떠받치는 누하주 뒤쪽에 숨어 있는 누군가의 작고 하얀 목화.

좀 더 다가가보면 무릎을 안고 쭈그리고 앉아 있는, 상복을 걸친 여덟 살의 어린 창이다.

창을 가만히 바라보던 안현, 뚜벅뚜벅 걸어와 누하주 옆에 선다.

창, 인기척을 느끼고 올려다보다가 안현과 시선 마주치자, 겁이 나는 듯 더욱 안쪽으로 움츠러든다.

안현   나오십시오.

창   (겁먹은 눈빛으로 보기만 한다)

안현   (더욱 엄해지는 눈빛) 제가 끌어내야 나오시겠습니까?

창	나가기 싫습니다... 나가면 전 죽을 겁니다.
안현	...
창	절 궁에서 내쫓으라 다들 난립니다.
	(울먹이는)궁에서 쫓겨나면.. 전 죽을 겁니다.
	어마마마가 보고 싶습니다.. 돌아가신 어마마마가 보고 싶습니다.

안현, 그런 창을 보다가 몸을 굽혀 창의 손을 잡고 잡아당긴다.

창	싫습니다!
안현	거기가 아닙니다!
창	(보는)
안현	(강하게 바라보는) 저하께서 계실 곳은 거기가 아닙니다.

18   D, 과거, 강녕전 앞

강녕전 뜰로 들어서는 안현의 군센 손아귀에 잡혀 반쯤 끌려오는 창.
그때 강녕전 건물에서 나오던 조학주, 두 사람을 보자 우뚝 멈춰
서서 차갑게 바라본다.
창, 그런 조학주와 시선 마주치자 더욱 두려운 눈빛이 된다.

창	..시..싫습니다.. 스승님, 돌아가겠습니다.

더 이상 끌려가지 않으려 창이 거세게 저항하자, 멈춰 서서 창을

돌아보는 안현.

안현   저하의 말이 맞습니다.

창   (보는)

안현   지금 전하의 앞에 세자를 폐위하라는 상소가 산처럼 쌓여 있는데 궐 안에 저하를 지켜줄 사람은 단 한 명도 없습니다.

창   …

안현   그러니 스스로 지키십시오.

창, 안현을 보다가 두려움 가득한 눈빛으로 강녕전 건물 앞에서 자신을 바라보고 있는 조학주를 본다.

안현   지금 저하는 저하 혼자만의 목숨을 지키는 것이 아니라 불의와 싸우는 것입니다. 자신들의 탐욕을 위해 일국의 국본을 좌지우지하려는 불의… 그 불의와 싸워 이기는 것이 대의를 바로 세우는 길입니다.

강녕전 앞에 선 조학주와, 뜰 너머에서 그런 조학주와 마주 바라보고 있는 창, 태산처럼 창의 뒤를 지키고 선 안현의 모습에서

19   **N, 현재, 강가 갈대밭**

불타는 갈대밭, 서로를 바라보고 있는 안현과 창.

그런 두 사람을 바라보고 있는 창 일행과 가노들.
가노들 중 덕성의 시선, 뒤쪽에 서 있는 영신에게 멈춘다.

창   오랜만에 뵙습니다. 스승님.

        안현, 창을 가만히 바라보다가 주변 가노들에게

안현   예를 갖추거라.
        (다시 창을 바라보며) 이 나라의 국본, 세자 저하시다.

        안현을 포함한 가노들, 창의 앞에 무릎을 꿇으며

일동   세자 저하를 뵙습니다.

        그런 안현을 내려다보는 창의 모습에서

20   N, 안현의 집

        곳곳에 횃불이 켜져 있는 안현의 집.
        높은 담과 집 안 곳곳을 지키고 있는 가노들의 모습.
        일개 하인임에도 불구하고 다들 다부진 체격에 눈빛들이 날카롭다.

21   N, 안현의 서가

안현과 마주앉아 있는 창.
안현의 뒤에는 덕성이 서 있고..
안현은 탁자 위의 병상일지를 살펴보고 있는데, 눈빛 점점 어두워
진다.

창   ..아바마마께선.. 돌아가셨습니다.
      권력에 눈이 먼 조학주 대감이 이승희 의원을 시켜 돌아가신 아바
      마마를 생사초란 풀로 인육을 탐하는 괴물로 만들었죠.

      안현, 생사초란 말에 눈빛 더욱 어둡게 가라앉는데..

창   그게 이 끔찍한 역병의 시작입니다.

      천천히 병상일지를 덮는 안현.
      그런 안현을 바라보는 창.

창   조학주의 만행이 극에 달했습니다. 도와주십시오.
      한양으로 가 해원 조씨를 벌하고 나라를 바로 세울 것입니다.

      안현, 여선히 병상일지를 내려다보나가.. 고개 들어 그간 고생의
      흔적이 역력한 창을 바라보다가 천천히 입을 연다.

안현   마지막으로 잠을 청하신 게 언제였습니까?

        창, 무슨 뜻인지 이해하기 힘든 눈빛으로 안현을 보는..

창   무슨 말씀이십니까?
안현   편히 쉬지도 드시지도 못하면서 쫓기듯이 초라한 행색으로 예까
        지 오신 겁니까?

        예상하지 못한 질문에 창, 당황한 눈빛으로 보는데

안현   시정잡배들은 그리해도 됩니다.
        허나.. 저하께선 아니 됩니다.

        창, 영문을 모르겠다는 답답한 눈빛으로 안현을 보는데

안현   이 나라의 국본은 언제 어디서건 반듯하고 당당하셔야 합니다.

        천천히 일어나는 안현.

안현   이곳은 상주.. 제 고향이며 제 거처입니다.
        오늘 밤만큼은 편히 쉬십시오.

        속을 알 수 없는 깊은 안현의 눈빛을 바라보는 창.

21-1   N, 서가 밖

서가 밖, 대청마루 곁에서 서고 앉고 한 채로 대기하고 있는 무영,
서비, 영신, 범팔.
무영, 영신은 생각에 잠겨 있고, 범팔은 피곤한 듯 꾸벅꾸벅 졸고
있다.
서비, 의아한 눈빛으로 서가 건물에서 좀 떨어진 담장의 문가를
지키고 있는 날카로운 눈빛의 가노들을 바라보다가 무영에게 낮
은 목소리로

서비   안현 대감마님은 어떤 분입니까?
무영   (생각은 다른 곳에 있는 듯) 그건 왜 묻는 것이냐?
서비   이상하지 않으십니까? 안현 대감마님도 가노들도..
       역병 환자들을 보고도 놀라지 않았습니다.

무영, 무슨 소린지 보는.. 생각에 잠겨 있던 영신 역시 고개를 들어
서비를 본다.

서비   거침없이 목을 베고 불에 태우고.. 우리보다도 능숙하게 그들을
       처리했어요. 마치.. 예전부터 병자들을 잘 알고 있던 것처럼..

무영, 멈칫해서 서비를 보고..
영신은 무슨 생각을 하는지 그저 어두운 눈빛으로 바라보는데 덜
컥 소리와 함께 열리는 서가의 문.

안쪽에서 문을 연 덕성, 공손히 고개를 숙이며 옆으로 물러나면
열린 문을 통해 걸어나오는 안현과 창.
무영, 서비, 영신, 일어나 창을 향해 예를 갖추지만, 안현을 바라보
는 서비의 의아한 시선, 역시 안현을 바라보는 영신의 시선은 차
갑기 그지없다.
범팔은 여전히 잠에서 헤어 나오질 못하고 있고..
안현, 그런 일행들을 한번 본 뒤

안현   (뒤쪽에 선 덕성에게) 저하를 처소로 모시고 다른 일행에게도 묵을
         곳을 마련해 주거라.

22   N, 안현의 집 일각

별채를 향해 먼저 안내하는 듯 걷고 있는 덕성.
조금 떨어져서 그 뒤를 따르는 창과 무영.

무영   (덕성을 의식해 목소리를 낮추는) 안현 대감께서 뭐라 하셨습니까?
창   ...아직은 확답을 주지 않으셨다.

무영의 눈가에 어두운 그림자가 스치고 지나간다.

무영   ..그분을 믿어도 되는 것입니까?
창   (멈춰서서 무영을 보다가) 스승님은 언제나 바른 길을 내어주셨다.

이번에도 그리 해주실 것이다.

무영   허나..

창   너도 그만 가서 쉬거라. 그간 쉬지도 못하고 달려오지 않았느냐.

무영, 그런 창을 불안하게 바라본다.

23   N, 안현의 서가

홀로 서가에 앉아 가만히 생각에 잠겨 있는 안현의 모습에서..

24   N, 한양, 옥사

화면 가득 휘저어지고 있는 고깃국.

화면 빠지면 어둡고 습한 옥사. 험악하게 생긴 사형수 두 명이 한 방에 갇혀 있는데 사형수 1만이 족쇄가 풀린 상태에서 고깃국을 포식하고 있다.

그런 모습을 불만에 가득한 얼굴로 바라보고 있는 족쇄가 채워진 사형수 2.

나무 창살 밖을 향해

사형수 2   왜 저자에게만 주고 난 주지 않는 것입니까?

그런 사형수 2의 시선 따라가 보면 옥사 밖에서 횃불을 들고 옥사 안을 지켜보고 있는 내금위 1.

순간, 고깃국을 시원하게 먹던 사형수 1, 순간 뭔가 몸이 이상한 듯 "컥컥" 거리다가 갑자기 경련을 시작한다. 사형수 2, 그런 모습을 놀라서 바라보고..

마구 몸을 뒤틀며 경련을 일으키던 사형수 1, 순간 죽은 듯 축 늘어진다.

사형수2 뭐.. 뭐야.. 왜 이래. 어이! (밖을 향해) 여기 어떻게 좀 해보십쇼!

그때 내금위 1의 뒤쪽 어둠속에서 천천히 앞으로 나서는 그림자.

사복 차림의 조학주다. 숨진 사형수 1을 가만히 바라보는데..

순간, 까닥 움직이기 시작하는 사형수 1의 손가락.

사형수 2, 도대체 뭐지? 놀라서 보는 순간, 눈을 번쩍 뜨는 사형수 1, 붉게 충혈된 눈빛으로 짐승의 울음소리를 내며 기괴한 몸놀림으로 살아난 사형수 1을 바라보는 조학주.

괴물로 변한 사형수 1, 순간 사형수 2를 향해 몸을 날린다.

족쇄 때문에 운신이 쉽지 않은 사형수 2, 사형수1에게 팔을 사정없이 물리는데 '으아악' 비명을 지르며 사형수 1에게 주먹질을 해 떼버린다.

벽면에 내동댕이쳐졌다가 다시 사형수 2를 향해 덤벼드는 사형수 1.

사형수 2, 사력을 다해 그런 사형수 1을 막는데.. 순간 숨이 멎어오는 듯 컥컥거리다가 경련을 일으키며 숨진다. 사형수 1, 사형수 2의 숨이 멎자, 그런 사형수 2에게 관심이 사라진 듯, 주변을 두리번거리다가 옥사 밖의 사람들 냄새를 맡더니 옥사 밖을 향해 손을 내밀며 발버둥친다.

그때 또다시 눈을 뜨는 사형수 2, 역시 괴물로 변해 '크아아악' 포
효하며 역시 인육 냄새에 조학주와 내금위 1을 향해 미친 듯이 발
버둥치기 시작하는데.. 그런 모습을 바라보는 조학주의 눈빛 차갑
게 변한다.

조학주   병자에게 물려 죽은 사람의 인육을 먹으니 병증이 다른 자에게 옮
기 시작했다. 이건 통제가 불가능하다.
..역병이 북상하기 전에 반드시 막아야 한다.

그런 조학주의 모습에서 서서히 암전되는 화면.

25   **D, 안현의 집, 행랑채 뜰**

화면 밝아지면 새벽, 푸르른 빛 아래 텅 빈 행랑채 뜰.
'끼이익' 소리와 함께 문 열리면서 나오는 영신. 주변을 한번 둘러
본 뒤 대문 쪽을 향해 멀어진다. 그런 영신을 주시하는 눈빛. 행랑
채 건물 뒤쪽에서 천천히 걸어 나오는 덕성이다.

26   **D, 운포늪**

새벽. 평화롭게 물 위를 노니는 새 떼 외에는 인적 하나 없는 운포

늪 옆에 세워진 충렬비를 향해 다가오는 그림자.

영신이다.

'운포늪 전투 충렬비 병인년 초구월 경상 관찰사 안현이 오백의
관군으로 삼만의 왜군을 무찌른 공을 치하하며..'

충렬비를 가만히 바라보던 영신, 고개 들어 조용한 물결을 응시한다.

27   D, 상주 인근 야산 일각

불어오는 바람에 흔들리는 억새풀들.

그 사이로 천천히 앞으로 걸어 들어가는 영신의 뒷모습.

한 걸음, 두 걸음, 억새풀밭을 지나 걸어가면 길 옆쪽에 놓인, 꽤
오랫동안 버려진 듯 이끼가 끼어 있는 작은 비석을 바라본다. 투
박한 글씨체로 적혀진 '壽望村'

영신, 그런 비석을 바라보는데 환상처럼 과거, 온몸에 붕대를 감
은 채 '형!! 형!! 가지 마!!' 울고 있는 영신의 어린 동생의 모습이
나타난다.

그런 동생의 시선 좇아가면, 중년의 남자를 쫓아가고 있는 짐을
멘 어린 영신, 연신 뒤돌아보며 "들어가! 형 꼭 다시 돌아올게!"
외친다.

그러나 여전히 울면서 떠나는 어린 영신을 바라보는 동생. 동생의
모습 서서히 사라지며 현재로 돌아오면 슬픈 눈빛으로 비석을 매
만지고 있는 현재의 영신. 비석을 지나 수망촌으로 걸어 들어간다.

28   D, 현재, 수망촌 일각

폐허처럼 변해버린 수망촌.
진흙으로 지어졌던 몇십 가구가 살던 낡은 움집들, 버려진 지 오래되어 지붕도 벽들도 무너져 있고, 곳곳에는 잡초들이 무성하다.
가라앉은 눈빛으로 그런 수망촌을 바라보다가 천천히 마을을 지나 뒷산 쪽으로 향하는 영신, 순간 멈칫한다.
폐허가 된 마을에 비해 너무나 잘 정돈된 수십 개의 무덤들과 각 무덤들 앞에 놓인 묘비.
그런 무덤들을 놀란 눈빛으로 바라보는 영신의 모습에서

29   D, 상주 읍성 성벽 위

망루 위의 군졸, 저 멀리에서 달려오는 파발마를 발견하고 외친다.

군졸   파발입니다!

30   D, 관아, 동헌 마당

수레에 실려진 조운선의 짐들이 대문을 통해 동헌 마당으로 들어서고 있고, 그런 조운선 짐들을 살펴보던 범팔.
공물들을 가지고 온 군졸에게

범팔   어찌 됐느냐? 찾았느냐?

군졸, 미리 챙겨놓은 듯 품 안에서 파란 비단에 싸인 작은 상자를
꺼내 범팔에게 건넨다.

군졸   이것입니까?

범팔   (화색이 돌며) 그래! 이것이다!

범팔, 보자기를 풀어 안의 내용물을 확인하기 시작하고..

그런 모습을 대청마루 쪽에서 바라보고 있는 상주 목사와 그 옆에
서 보고를 하고 있는 덕성.

상주 목사 저것이 그 조운선에서 가지고 온 짐들이냐?

덕성   예, 함께 올라오던 역병 환자들은 대감마님께서 발견하셔서 더 큰
      피해는 없었지만, 남쪽 경계를 더욱 강화해야 한다 말씀하셨습니다.

상주 목사 헌데..

덕성   (의아한 얼굴로 상주 목사를 보는)

상주 목사 그게 사실인가?

덕성   무슨 말씀이십니까?

상주 목사 (눈빛 날카로워지는) 세자가 상주에 와 있다 들었네만..
      사실인가?

덕성의 눈빛 보일 듯 말 듯 흔들리는데..

관아 문으로 다급히 뛰어 들어오는 상주 군관 1. 상주 목사에게

목례하며

상주 군관1 나으리, 지금 한양에서 출발한 중앙군이 문경새재로 내려오고
있다고 합니다.

-인서트
문경새재를 향해 다가오고 있는 엄청난 행렬의 중앙군이 관도를
가득 메우고 있다.
행렬의 가장 앞에는 화려한 갑옷을 걸친 훈련대장이 군대를 이끌
고 있다.

31   D, 상주 읍성 인근 길 일각

서비, 약초가 담긴 소쿠리를 들고 추수가 끝난 논길을 걸어가고
있는데, 서비를 찾아다닌 듯 주변을 두리번거리던 범팔, 서비를
발견하자 '서비야!' 외치며 뛰어온다. 서비, 범팔과 별반 말 섞고
싶지 않은 눈치나 어쩔 수 없이 목례만 하는데..

범팔   대체 어딜 돌아다닌 게냐. 한참을 찾았다.
서비   저하께 드릴 약초를 찾으러 가고 있었습니다.
범팔   약초건 나발이건, 나와 도망가자. 이대로 저하께 돌아가면 넌 죽
는다.

범팔, 서비의 손을 잡아끌며

서비 예? 그게 무슨 말씀이십니까?

범팔 (낮은 목소리로) 저하를 잡으러 한양에서 중앙군이 출군했다 한다.

서비 (놀라 보는) ...그게 사실입니까?

범팔 대역 죄인과 함께했다는 것만으로도 너는 죽은 목숨이다.

　　　나는 해원 조씨이니 나와 함께 가면 네 목숨을 구할 수 있을 것이다.

　　　가자.

범팔, 다시 잡아끄는데 뿌리치는 서비.

서비 또 도망가시는 겁니까?

범팔 아.. 아니..

서비 부사 나으리께서 버리고 가신 백성들을 살리려 저하께서 얼마나
　　　애쓰신 줄 아십니까? 그런 저하를 버리고 또 도망가시려구요?
　　　한번이라도 사내대장부로서 떳떳한 모습을 보여주실 순 없으십
　　　니까?

범팔 그.. 그것이..

서비 가시려면 혼자 가십시오. 전 저하께 가겠습니다.

뒤돌아 다급히 뛰기 시작하는 서비. 범팔, 그런 서비를 보다가
어쩔 수 없다는 듯 뒤따르기 시작한다.

32   D, 궁궐, 중궁전

상궁(소리) 마마, 시각이 되었사옵니다.

계비   ...가자.

들어열개문이 올라가고.. 밖으로 나서는 계비.
계비의 의상과 머리 매무새의 화려함이 극치를 이루고 있다.

-궁궐 안, 정전으로 향하는 계비의 행렬.

33   D, 궁궐, 정전

엄숙한 얼굴로 도열해 허리를 숙여 부복하고 있는 조학주를 비롯
한 당상관과 당하관들의 모습위로 상선의 목소리.

상선(소리) 중전마마 납시오!

정전을 한눈에 내려다볼 수 있는 붉은 당가 위 용상 앞에는 거대
한 발이 드리워져 있고..
당가로 오르는 옆계단 쪽으로 천천히 오르는 비단 치마, 계비다.
천천히 올라서서 어좌의 격간과 돌출부를 장식한 황금빛 용무늬,
그리고 어좌의 뒤 일월오봉도를 바라본다.
돌아서서 당가 아래에 도열한 신하들을 내려다보는 계비.

수렴청정을 위해 만들어진 어좌 앞좌석에 착석하자, 더욱 부복하는 대신들.

일동   중전마마를 뵈옵니다.

계비가 자리한 당가 아래로 전교가 담긴 교지를 들고 올라서는 조학주.

조학주   대신들은 중전마마의 교지를 받드시오.

더욱 허리를 숙이는 대신들. 조학주, 교지를 펼쳐 대독을 시작한다. 계비의 수렴청정 전교를 듣는 대신들의 모습 위로

조학주   내 연치가 어린 와중에 국모의 중업을 맡아 위로는 주상을 극진히 모시고 아래로는 만백성의 자애로운 어미가 되고자 힘써왔다. 그러나 하늘이 이 나라에 은덕을 내리지 않아 창졸간에 주상께서 역병으로 쓰러지신 뒤 정신이 혼미하시고 다음 보위를 이을 세자는 부왕의 자리를 탐하는 용서받지 못할 대역죄를 저질렀다.

34   **D, 몽타주**

-문경새재 가장 북측인 제3관문을 향해 다가가고 있는 훈련대장이 이끄는 중앙군.

-문경새재 제1관문 남측에 도착하는 상주 목사와 군관들.
오가는 군민들, 양옆으로 갈라져 엎드려 절하며 상주 목사에게 예
를 표한다.
그런 모습 위로 깔리는 조학주의 목소리.

조학주(소리) 종실에 이와 같은 혼란이 있어 어좌가 주인을 잃었건만 나라에
는 끔찍한 역병이 돌아 백성들이 고통을 받고 있으니 이 어찌 참
담하지 아니한가.

35   D, 궁궐 정전

여전히 교지를 읽어 내려가는 조학주.

조학주 이에 나라의 어좌를 한시도 비울 수 없다는 시임 원임 대신들의
간곡한 충정을 거듭 뿌리칠 수 없어 황망한 심정을 억제하고 힘써
따르겠다.

수렴청정 전교가 끝나자 더욱 부복하는 대신들.

일동   성은이 망극하옵니다!

발 너머에서 대신들을 바라보던 계비.

조학주   대신들은 들으라.

수렴청정을 받아들인 금일 중전마마의 첫 전교를 내린다.

경상 땅에 창궐한 끔찍한 역병을 다스리기 위해 훈련도감, 어영
청, 수어청으로 구성된 중앙군을 급파해 혼란한 민정을 다스릴 것
이다.

36   D, 문경새재 제3관문

문경새재 가장 북쪽 관문인 3관문 북측 공터에 도착하는 훈련도
감의 병사들. 대기하고 있던 조방장을 비롯한 군졸들, 공손히 그
들을 맞는다.

37   D, 문경새재 일각

-3관문과 2관문을 지나 1관문인 주흘관으로 내려오고 있는 대규
모의 중앙군. 가장 앞에는 훈련대장과 중앙군을 안내하고 있는 조
방장

조방장   주흘관에서 상주 목사님께서 기다리고 계십니다.

저 앞쪽으로 문경새재의 가장 남측 관문인 1관문이 보이기 시작
한다.

중앙군을 맞기 위해서 활짝 열어놓은 1관문.

-1관문 남측 공터에 중앙군을 마중 나와 있는 상주 목사와 아전들, 군관들.
열려진 1관문 너머 시야에 들어오기 시작하는 중앙군을 보고

상주 이방 도착했나 봅니다.

-1관문 북측 공터에 도착한 중앙군,
가장 선두에 섰던 훈련대장 멈춰서더니 눈짓을 하면 옆에서 깃발을 흔드는 부관. 일사불란하게 흩어지기 시작하는 중앙군들.
조총 부대는 열린 1관문을 향해 사격 대열을 갖추고, 성곽 위론 궁수들이 배치되고 있다.
훈련대장의 옆에 있던 조방장, 그런 중앙군의 모습을 당황한 듯 쳐다보고..

조방장 왜.. 왜 이러십니까?

-1관문 남측 공터에 모인 사람들 역시 그런 중앙군의 모습을 의아한 듯 바라보는데..

38   D, 궁궐 정전

전교를 내리고 있는 조학주.

조학주   또한 경상 땅과 맞닿은 강원, 충청, 호남의 각 관문들에 파발을 보내 전교를 전하라.

대신들을 바라보는 발 너머의 계비의 차가운 눈빛.

조학주   이 시간부로 경상좌도와 우도를 봉쇄한다.

39   D, 문경새재 1관문 일각

-북측, 훈련대장, 중앙군을 향해

훈련대장 1 관문을 봉쇄하라!

명령과 함께 서서히 닫히기 시작하는 1관문.
그 광경에 놀라는 조방장.

조방장   (훈련대장에게) 이게 무슨 짓입니까! 왜 관문을 닫은 겁니까?

순간, 뒤에 있던 군관이 조방장을 베어버린다.

그 사이 철궁을 드는 훈련대장.

-1관문 남측, 닫히는 문을 보고 놀라 자기도 모르게 달려 나오는 상주 이방.

상주 이방 이.. 이게 뭣 하는 거요?!

철궁의 시위를 당기는 훈련대장, 닫히는 1관문 사이로 화살을 날리면..
픽! 상주 이방의 가슴을 꿰뚫고.. 그대로 쓰러지는 상주 이방.
'쾅'... 둔중한 소리와 함께 굳게 닫히는 1관문.

40   **D, 궁궐, 정전**

대신들을 둘러보는 조학주.

조학주 경상 땅을 벗어나는 주 도로인 문경새재를 비롯해

41   **D, 몽타주**

-'쾅' 소리와 함께 닫히는 죽령산성.
산성 남측에서 산성으로 향하던 또 다른 피난민들, 닫힌 문을 어

안이 벙벙해서 바라만 보고 있다.

-진주성을 지키던 진주 목사, 한양에서 도착한 파발이 보낸 왕명이 적힌 교지를 보다가 굳은 얼굴로 부관에게 눈짓하면..

-역시 '쾅' 닫히는 진주성문. 그 옆으로 유유히 흐르는 강물.

-은티재, 충북과 문경을 연결하는 작은 고개로 방책을 쌓는 중앙군. 그런 모습 위로

조학주(소리) 죽령과 추풍령, 계립령을 비롯한 모든 관문을 봉쇄할 것이며

42   D, 궁궐, 정전

대신들에게 명을 내리고 있는 조학주.

조학주   이 명을 어기거나 반하는 자는 그 자리에서 참하여 국법의 지엄함을 세울 것이다.

전교를 접는 조학주의 차가운 눈빛에서..

KINGDOM

킹덤

———

6부

KINGDOM

킹덤

1   **D, 궁궐, 후원**

후원의 정자에 서서 고요하고 아름다운 연못을 바라보고 있는 계
비와 조학주.

계비   아버님이 말씀하신대로 모든 관문을 봉쇄했습니다.
           허나.. 이대로 정말 경상 땅을 포기하실 작정이십니까?

대답 없는 조학주, 연못을 둘러싸고 있는 나무들을 바라본다.
짙고 고운 단풍이 졌던 나무들. 어느새 하나 둘, 낙엽이 지고 있다.

계비   기름진 전라도와 비할 바는 아니나, 경상 땅의 백성들이 갖다 바

치는 그 많은 세곡까지 포기하자는 말씀입니까?

얘기를 듣던 조학주, 고개를 돌려 계비를 바라본다.
이미 꽤 추워진 듯 계비의 입에서 나는 하얀 입김을 보다가..

조학주 네게 권력이란 것은 기껏 눈앞에 돈 몇 푼이었느냐..

계비, 멈칫해서 조학주를 보는데

조학주 저 연못에 몇 구의 시신이 있을 것 같으냐..

계비, 조학주의 말에 비밀이 숨겨진 연못을 바라본다.

조학주 저 안에 시신 몇 구가 있건, 몇십 구가 있건, 그 누구도 내게 말 한
마디 하지 못하게 만드는 것..
그것이 권력이다.

계비를 강하게 바라보는 조학주.

조학주 네 손에 그 권력을 쥐여준 사람은 나다.
그 자리에서 끌어낼 수 있는 사람도.. 나지.

계비, 눈빛 흔들리는..
다시 시선 돌려, 나무들을 보는 조학주. 불어오는 바람에 우수수

나뭇잎들이 떨어지고 있다.

조학주   겨울이 지나고 봄이 올 때까지.. 절대 관문을 열어선 아니 될 것이다.

돌아서서 정자를 내려가려는 조학주의 뒤에 대고

계비   세자는요?

조학주   …

계비   세자가 아직도 버젓이 경상 땅에 살아 있습니다.
       그런 세자를 두고만 보실 작정이십니까?

조학주   (돌아보다가).. 세자는 반드시 죽일 것이다..
       내 손으로 직접 그 숨통을.. 끊어버릴 것이다.

2   **D, 안현의 집 외곽**

달려오는 말발굽 소리. 보면, 아직 충격이 가시지 않은 듯 낯빛이
질린 상주 목사를 비롯한 아전들과 군관들 빠르게 안현의 집 앞에
다가와 말에서 내린다.

3   **D, 안현의 서가 밖 마당**

'쾅' 마당 문을 열고 굳은 얼굴로 들어서는 상주 목사와 아전들.

안현, 서가에서 나와 대청마루에 서고
상주 목사, 그런 안현을 보다가

상주 목사 세자를 내놓으시죠.

안현   …

상주 목사 조학주가 문경새재를 걸어 잠갔습니다.
그 문을 다시 열려면 세자가 필요해요.
세자는 어딨습니까?!

안현, 말없이 그런 사람들을 바라보는데
협문이 열리며 들어서는 덕성.

덕성   대감마님, 도착했습니다.

안현, 그런 덕성을 잠시 본 뒤, 다시 상주 목사 일행을 보며

안현   그리하지요.

일동, 안현을 보는

안현   저하를 내어드리겠습니다.

4   D, 별체, 창의 처소

말없이 앉아 칼을 닦고 있는 창을 답답한 듯 바라보고 있는 무영.

무영   이곳을 빨리 피하셔야 합니다.
창   …
무영   다들 제정신이 아닙니다.
      조학주를 설득하기 위해 무슨 짓이든 할 거예요.
      여기 더 계시는 건 위험합니다.

      그때, 처소 밖에서 들려오는 '쾅' '쾅' 문이 열리는 소리들.
      무영, 놀라서 긴장한 눈빛으로 문밖을 보는데 창은 예상한 듯, 담
      담한 눈빛이다.

5   D, 별체, 창의 처소 밖

긴장한 얼굴로 문을 열고 나서는 무영, 순간 굳어 멈춰 선다.
별채 밖 마당에 들어서고 있는 사람들, 바로 도진을 비롯한 내금
위들이다.
무영의 뒤를 이어 무표정한 눈빛으로 밖으로 나서는 창.
차가운 미소와 함께 창을 바라보는 도진.

도진   먼 곳까지 오셨습니다.

이제 그만 한양으로 가시지요.

대청마루 위 창과 무영을 포위하듯 둘러싸며 서는 내금위들.
그때, 열린 협문으로 들어서는 안현.
예상했다는 듯 담담한 표정이다.
그 뒤를 따라 들어서던 상주 목사와 아전들, 내금위를 발견하고
놀라서 보는

상주 목사   ..내금위가 아니오?

도진, 그런 상주 목사와 안현을 보며

도진   죄인을 맡아주어 감사합니다. 이제 왕명에 따라 세자를 압송하겠
습니다.

무영, 배신감에 찬 시선으로 안현을 본다.
그러나 흔들림 없는 안현의 눈빛.

도진   (내금위들에게) 대역 죄인을 포박하라!

일사불란하게 검을 빼들고 앞으로 나서는 내금위들.
무영, 각오한 듯 창을 가로막으며 검을 빼드는데..
들려오는 목소리.

안현(소리) 누가 대역 죄인인가?

멈칫해 안현을 바라보는 도진, 무영, 상주 목사를 비롯한 아전들.

안현 나라를 위하고 왕실을 위해야 할 내금위의 신분으로 사사로운 탐
욕을 쫓아 조학주의 개가 되었다.
나라의 국본인 세자를 탄압하여 종묘사직을 뿌리째 흔든 죄, 죽어
마땅하다. 거행하라.

순간, 별채를 둘러싼 각 지붕 위에서 일사불란하게 나타나 활을
조준하는 가노들. 내금위들이 전열을 가다듬을 사이도 없이 화살
을 발사하기 시작한다.
속수무책, 활을 맞고 쓰러지기 시작하는 내금위들.
놀라서 그 모습을 바라보는 무영.
역시 기겁하는 상주 목사와 아전들, 처참한 광경에 겁에 질려 물
러선다.
믿기지 않는 듯 하나둘씩 죽어가는 내금위를 바라보던 도진,
광분하여 "이 무슨 짓이오!!" 외치다가 역시 날아오는 활에 어깨
를 맞고 뒷걸음질 친다. 검을 들고 반격을 시도해보려 하지만, 지
붕위에서 날아오는 화살의 기세를 막을 수 없다. 내금위들 하나둘
씩 속절없이 쓰러지고..
그런 모습을 지켜보는 창의 모습에서.

6   N, 과거, 안현의 서가/창의 회상

5부 21씬에 이어지는..

창   (답답한) 지금은 한가롭게 쉴 때가 아닙니다.
안현   내일이면 내금위가 도착할 것입니다. 그때까지 쉬시며 몸을 추스
      르십시오. 그래야 내금위와 대적하실 게 아닙니까.
창   (멈칫) 그게 무슨 말씀입니까?

      안현, 밀지를 보여준다.

안현   어제 내금위장이 전서구로 보낸 밀집니다.
      저하께서 이곳으로 향하실 테니 내금위가 도착할 때까지 감금해
      달라 했습니다.
창   (떨리는 눈빛으로 안현을 보는) 제가 이곳에 온다는 걸..
      내금위가 알 리가 없습니다.
안현   ...저하의 일행 중에 조학주의 사람이 있습니다.

      창, 놀라서 안현을 본다.

안현   그러니.. 저와 나눈 대화는 아무에게도.. 내색하시면 안 됩니다.

      믿기지 않는 눈빛으로 안현을 보는 창.

7 D, 현재, 별채, 창의 처소 밖

속수무책으로 당하는 내금위를 놀란 얼굴로 쳐다보는 무영을 바라보는 창의 눈빛.

지붕 위에서 계속해서 활을 날리는 가노들.

고슴도치처럼 활에 맞아 죽은 내금위들의 시신들로 가득해진 별채 마당.

순간, 안현이 손을 들자 그제서야 멈추는 가노들.

이제 피투성이가 된 내금위들 중 살아남은 자는 도진뿐이다.

무릎을 꿇고 떨리는 몸을 겨우 가누고 있는 도진,

붉게 충혈된 눈빛으로 악에 받친 듯 창을 바라보며

도진   너희들.. 그 누구도.. 살아남지.. 못할 것이다.

경상 땅에 갇혀.. 역병에 걸려.. 목이 잘려 죽을 것이다..

순간, 칼을 빼들고 저벅저벅 도진에게 다가가는 창.

망설이지 않고 칼로 도진을 베어버린다.

창의 얼굴로 튀는 붉은 피.

그제야 서서히 앞으로 쓰러지며 죽는 도진.

그런 도진과 별채 마당 가득 숨진 내금위들을 말없이 바라보는 창, 안현, 무영.

협문 쪽에서 넋이 빠져 있던 상주 목사 부들부들 떨려오는 목소리로

상주 목사   이.. 이게.. 무슨 짓입니까.. 어명을 받고 내려온 내금위를

몰살시키다뇨.. 조학주 대감이 가만있을 것 같습니까?
역모에 가담했다며 상주를 피바다로 만들 것입니다!

창   조학주는 이미 상주를 포기했소.

상주 목사, 믿기지 않는 듯 창을 바라본다.

창   상주뿐이 아니오. 경상좌도와 우도, 이 땅과 이곳의 사람들 모두
를 버린 겁니다.

상주 목사 그럴 리가 없소!

창   저 수많은 중앙군이 나 하나 막자고 문경새재를 막은 것 같습니까?!

상주 목사, 말문이 막혀 떨리는 눈빛으로 창을 바라보는데..
그때, 열린 대문 너머에서 굳은 낯빛으로 뛰어 들어오는 상주 군
관 1.

상주 군관1 목사 나으리! 큰일 났습니다!

8   D, 상주 읍성 안, 남쪽 성곽

남쪽 성곽 위로 향하는 계단을 놀란 눈빛으로 뛰어오르는 창과 안현,
상주 목사와 아전들.
계단에서부터 들려오기 시작하는 "살려주십시오" "들여보내주십
시오" 울먹이는 피난민들의 소리들.

계단을 오른 사람들, 성벽 밖을 놀란 얼굴로 바라본다.

관군들이 가로막고 있는 상주 읍성 남문 밖, 구름같이 몰려 있는 피난민들..

검붉은 핏자국과 흙먼지로 뒤덮여 끔찍하고 초췌한 몰골에 공포에 넋이 나간 눈빛으로 "제발 들여보내 주십시오" "살려주세요" 아우성치고 있다.

상주 군관1 ..양산, 경주, 대구, 합천.. 창녕..

남쪽 땅 여기저기서 역병을 피해 올라온 피난민들입니다.

놀라서 군관을 바라보는 사람들.

상주 목사 그곳들이 모두 역병에 당했단 말이냐....

창, 굳은 얼굴로 피난민들을 내려다보다가 상주 목사에게

창   창녕까지 당했다면 길어야 이틀, 빠르면 오늘 밤 안에 역병 환자들이 이곳까지 올라올 겁니다.
어서 성문을 열어 저들을 들여야 합니다!

상주 목사, 어찌할 바를 모르는 혼란스러운 눈빛으로

상주 목사 경상 땅이 모두 당했다면 피난민들은 점점 더 들이닥칠 텐데 그 많은 자들을 어디에 재울 것이며 무엇을 먹일 것입니까?

식량이 떨어지면 약탈이 시작될 거고, 읍성 안은 난리가 날 겁니다.

창 그럼 저들이 죽어가는 걸 그저 두고 보겠다는 겁니까?

창, 안현을 비롯한 상주 군관들과 아전들, 모두 상주 목사만을 바라보는데..
어찌할 바를 모르고 쉽게 입을 열지 못하는 상주 목사.
그런 모습을 굳은 눈빛으로 지켜보던 안현.

안현 지금 성문을 열지 않으면 읍성 밖 상주 군민들도 위험해질겁니다.
성문을 열어야 해요!

상주 목사, 신경질적인 눈빛으로 안현을 보며

상주 목사 성문을 열면 우리가 위험해질 겁니다!

창, 안현, 기가 막힌 눈빛으로 상주 목사를 바라본다.
역병에 대한 공포로 패닉에 빠진 상주 목사, 떨리지만 결연한 말투로

상주 목사 ...성문은 열 수 없습니다.
읍성 안 사람들만이라도 살아야 해요.

그런 상주 목사를 바라보던 창의 눈빛, 분노로 떨려온다.

창   ...조학주도 문경새재를 걸어잠그며 똑같이 말했겠지.

         우리만이라도 살아야 한다고..

상주 목사 대를 위해 소를 희생할 뿐이요!

창   누가 큰 백성이고 누가 작은 백성인가!

         성문을 걸어잠그면 밖에 있는 자들은 역병에 걸려 죽고 안에 있는

         자들은 결국 굶어 죽을 것이다.

상주 목사 상주를 책임지는 목사는 나요!

         상주 목사를 차갑게 바라보는 창.

창   아니.. 당신은 더 이상 여길 책임질 자격이 없어.

상주 목사 ...뭐..뭐요?

창   무능한 관리 하나 때문에 모두 죽게 만들 순 없다.

         이제부터 상주와 군민들은 내가 지킬 것이다.

상주 목사 (기가막힌 얼굴로) 당신이 무슨 자격으로..

         순간, 상주 목사의 목에 칼을 겨누는 창.

창   나는 이 나라의 세자다.

         당황하는 상주 목사, 맞서려는데..

안현   (나서는) 나도 저하와 뜻을 같이할 것이오.

         상주 목사 대감!

안현   (덕성을 향해) 상주 목사를 모시거라.

상주 목사 대감, 이런 법은 없소! 후회하게 될 것이오.

가노 무리들이 상주 목사를 둘러싸고.. 이끌려나가는 상주 목사.

안현   (주변을 둘러보며) 너희들은 어찌 할 것이냐?

창과 안현을 바라보던 상주 아전.

상주 아전 성문을 연다 해도 피난민들과 성 밖의 군민들을 대피시키기엔 읍
       성은 너무 협소합니다.

창   그 말이 맞다. 읍성은 모두를 대피시킬 수 없다.
       모두를 구하려면 상주목 전체를 지켜야만 한다.

상주 군관1 역병환자들이 밀어닥칠 텐데 어찌 상주목을 지켜야 합니까?

창   역병 환자들은 낮에는 시신이 되었다가 밤에만 움직이며 물과 불
       을 두려워한다. 이 점을 이용하면 그들을 막을 수 있다.

성벽 저 너머 반짝이는 병성천과 운포늪을 바라보는 창.

창   상주목의 남쪽은 물길로 둘러싸여 있다.
       병성천과 운포늪, 저 두 군데만 막아낸다면.. 우리 모두 살 수 있다.

창을 바라보는 군관들과 아전들, 그리고 안현의 모습에서..

9   D, 몽타주

-끼이익, 성문이 열리는 상주 읍성.
말에 올라탄 창과 안현, 상주 군관들.
가노들과 군졸들이 그 뒤를 따르고 있다.

창(소리) 피난민들을 비롯해, 인근 군민들 중 힘없는 부녀자와 노약자들을
읍성 안으로 대피시키고, 장정들은 남아 역병 환자들을 막는다.

-읍성 안으로 들어서는 피난민들 중 부녀자와 노약자들,
이제 살았다는 듯 안도의 눈물을 흘리고..
-상주관아 내, 옥사 안. 옥사에 갇히는 상주 목사의 망연자실한 눈빛.
-남문 밖 공터, 창과 안현에게 "살펴보고 오겠습니다" 인사를 한
뒤 말에 올라타 병성천 다리를 지나 남쪽으로 향하는 서너 명의 가
노들.
-가노들이 지난 병성천 다리, 덕성의 지휘 아래 마른 섶이 잔뜩
실린 수레들이 다리 위에 배치된다. 몇 겹으로 겹쳐 다리를 가로
막고, 그 사이사이 불을 붙일 수 있는 횃대들을 놓는다.
-대나무 숲, 검으로 대나무들을 베어 쓰러뜨리는 군졸.
화면 빠지면 이곳저곳으로 대나무를 자르고 있는 상주 군관을 비
롯한 군졸들.
-남문 옆 공터에서 대나무로 활을 만들고 있는 군졸들.
그 옆엔 벌써 만들어진 화살과 죽창이 가득하다.
-반짝이는 물결이 아름다운 운포늪 일대, 나무로 만든 삽으로 힘

이 드는 듯 연신 땀을 닦으며 흙을 파고 있는 장정들과 군졸들.

-상주 읍성 성곽 위, 지도를 펼쳐놓고 병성천과 저 멀리 보이는 운포 늪의 준비 태세를 바라보며 점검을 하고 있는 창과 안현.

그러다가 문득 고개를 옆으로 돌리는 창, 자신의 뒤쪽에서 호위를 서며 성벽 밖을 바라보고 있는 무영이다.

그런 무영의 모습 위로 찢어질 듯한 임산부 1의 비명 소리.

10   **D, 한양 사대부집 별채 방 안**

천장부터 늘어져 있는 흰 천을 힘껏 잡아당기는 여인의 손, 출산 중인 임산부 1이다. 입에 흰 천을 문 채 안간힘을 쓰고 있는 임산부 1. 아래쪽에서는 "조금만 더! 거의 다 됐네! 조금만 더!" 외치며 산파가 아이를 받고 있다. 임산부1, 숨을 한번 고르고 다시 한번 "으아아악" 힘을 주는데.

11   **D, 한양 사대부집 별채, 또 다른 방 안**

멀리서 들려오는 임산부 1의 비명 소리를 불안한 얼굴로 듣고 있는 김씨 부인을 비롯한 나머지 임산부들.

그때, "으아악" 비명 소리에 이어 "응애!! 응애!!" 갓난아기의 울음소리가 들려온다. 낯빛이 밝아지는 임산부들.

김씨 부인 태어났나 봐요.

임산부 2 아이구 다행일세. 어젯밤부터 그리 힘들어하더니..

그때, 갑자기 뚝 끊기는 아기의 울음소리.

뭐지? 의아한 눈빛으로 서로를 바라보는 세 사람.

12   D, 한양 사대부집 별채 복도

의아한 얼굴로 임산부 1이 아기를 낳던 방을 향해 걸어오는 김 씨

부인을 비롯한 임산부들. 그때 물 대야를 들고 아기를 낳던 방을

향해 다가오던 산파와 시선 마주친다.

산파   바람이 차네. 방으로 돌아가게.

김씨 부인 아기가 걱정되서요..

        아기가 울지를 않던데 무슨 일 생긴 건가요?

산파   산모도 아기도 무사하네. 젖을 물리고 한숨 쉬는 중이니 그만들

        돌아가게.

산모와 아기가 무사하다는 말에 안도의 한숨을 내쉬는 임산부들.

임산부 2 그런데, 아들입니까? 딸입니까?

        산파, 물끄러미 바라보다가

산파   계집일세.

임산부들, "하이구.. 하필 계집이야" "계집이면 어때. 건강하기만
하면 되지.." 떠들다가 다시 산파와 눈빛 마주치자, 눈치가 보이는
듯 뒤로 돌아서서 방으로 돌아간다.
"꼬물꼬물한 게 얼마나 이쁠까" "그러게요" 대화하며 멀어지는
임산부들.
산파, 그런 뒷모습 바라보다가 천천히 방문을 연다.
열린 방문 너머로 보이는 방 안의 모습.
아기를 낳던 산모도 태어난 아기도 없이 텅 빈 방 안.
하얀 이불과 주변이 온통 붉은 피로 가득하다.

13   **D, 한양, 궁궐 전경**

14   **D, 중궁전 침소**

침소 안을 걸레질하며 청소 중인 무수리들. 그러던 중 팔꿈치로
물이 담긴 놋대야를 툭 건드린 무수리 2, 그 바람에 놋대야가 엎
어지면서 안에 담겨 있던 물이 주변으로 쏟아진다. 무수리 2가 놀
라서 보면, 벽과 바닥 주변 사방으로 튀어 있는 물방울들..

무수리 2 (울상인) 어.. 어떡해..

무수리1 (한심하다는 듯 작게 한숨 쉬는) 하여간에..

바닥과 문갑 위, 벽 등을 닦는 무수리들.

무수리2 그래도 다행이다. 중전마마 당의는 탈이 없어서.

벽에 걸려 있는 화려한 비단옷.. 주위의 벽면에만 살짝 물이 튀어
있을 뿐이다.

무수리1 다행이고말고. 얼룩 하나라도 졌으면 그 옷은 바로 잿더미가 됐
을 걸?
무수리2 그게 무슨 말이야?
무수리1 일전에 내가 봤는데 글쎄 중전마마는 이 귀한 비단옷을 태워버리
시더라.
무수리2 진짜?
무수리1 진짜야. 상궁마마께서 직접 태우셨어.
얼핏 보니까 피가 좀 묻었을 뿐인데 진짜 아깝더라.
무수리2 세상에.. 나는 비단옷 걸쳐만 봤으면 소원이 없겠는데..
무수리1 우리 같은 천것이 뭘 바라겠어.. 그만 가자.

서둘러 문으로 다가와 문을 드르륵 여는 무수리들, 깜짝 놀라 뒤
로 물러선다.
텅 비어 있을 줄 알았던 복도 밖에 계비와 중궁전 상궁을 비롯한
나인들이 서 있다. 무수리들 곧바로 엎드리며 "중전마마를 뵈옵니다"

계비, 그런 무수리들을 내려보다가 말없이 지나 침소 안으로 걸어
들어가고 그 뒤를 따르던 중궁전 상궁, 엄한 목소리로

중궁전 상궁 청소가 끝났으면 나가보거라.

무수리들, 공손히 "예" 하고는 뒷걸음질로 침소를 빠져나간다.
무수리들이 나간 뒤 천천히 닫히는 문.
그 사이로 뒤돌아보는 계비의 차가운 눈빛.
닫히는 문 너머로 멀어지는 무수리 1의 뒷모습을 바라본다.

15   D, 교태전 목욕간

좌라락! 커다란 함지 안에 들이부어지는 뜨거운 물. 빈 나무동이
를 바닥에 내리는 손, 보면 무수리 1이다.
화면 빠지면 고요하기만 한 목욕간, 물을 붓는 무수리 1을 옆에서
지켜보는 중궁전 상궁, 단 둘뿐이다. 무수리 1, 중궁전 상궁의 눈
치를 보며,

무수리1 ..헌데 마마님... 참말로 제가 중전마마의 시중을 드나요?
어째서 항아님들이 안 하시고 저 같은 천것이..
중궁전상궁 말을 삼가고 중전마마의 시중에만 집중해라.

그때 드르륵 열리는 문.. 계비가 들어온다.

-시간 경과

간이 가림막 위에 걸쳐져 있는 화려한 당의와 스란치마. 그 옆으로 화사한 색감의 저고리를 걸쳐놓는 무수리 1의 손길이 조심스럽다. 가림막 안쪽에서 중전의 옷을 벗기고 있는 무수리 1, 아직도 긴장이 안 풀린 듯한데, 풍성하게 부풀어있는 무지기치마를 벗기던 무수리 1, 순간 무언가를 만진 것인지 흠칫 놀라 뒤로 물러선다.

계비   ..왜 이리 손이 더딘 것이냐.

무수리1   송구합니다.

무수리 1, 이상하다.. 설마.. 잘못 안 것이겠지. 마음을 추스르며 다시 계비의 옷을 벗기기 시작한다.

마침내 스르륵 풀려 떨어지는 무지기치마..

그리고 이어서 바닥에 툭 떨어지는 두툼한 비단 뭉치..

순간, 뭔가를 본 무수리 1, 너무 놀라 소리도 지르지 못하고, 다리가 풀린 듯 뒤로 주저앉아 바들바들 떨며 계비를 올려다본다.

얇은 속적삼과 하얀 대슘치마만 걸친 계비..

남산처럼 부풀었던 복부가 매끈하게 꺼져 있다.

계비, 믿기지 않는 눈빛으로 자신을 올려다보는 무수리 1을 내려다보며 씨익 미소 짓는

계비   (배를 바라보며) 어떠하냐.. 내 아기가.. 아주 건강해 보이지 않느냐?

바들바들 떨며 그런 계비를 올려다보던 무수리 1,

겁에 질린 눈빛으로 뒤로 기다가 일어나 목욕간 문을 향해 뛰어가
문을 여는데, 문 앞에 서 있는 싸늘한 눈빛의 중궁전 상궁과 마주
치고 놀라 뒤로 물러선다.

무수리1   (겁에 질려 눈물이 그렁그렁한) 사... 살... 살려주십시오...

그런 무수리 1을 향해 다가가는 중궁전 상궁의 싸늘한 모습에서.

16   **D, 안현의 집 마당**

마당에 가득한 피난민들 중 부상을 입은 사람들을 치료하고 있는
서비.
그들 중 울고 있는 아이의 이마를 걱정스런 낯빛으로 만져보는데..
그런 서비 옆에 놓이는 광주리.
산에 가서 약초를 캐온 듯 퀭한 눈에 여기저기 산발이 된 범팔,
탈진된 듯 떨려오는 다리로 최대한 있어 보이게 서서 서비를 내려
다 보고 있다.

범팔   어떠냐. 그 정도면 충분하지 않느냐.

서비, 범팔이 새삼 다르게 보이는 듯 힐긋 보다가 다시 광주리 안
을 보며

서비	참으로 용하십니다. 어찌 이리 잡초들만 골라 뽑으셨습니까..
범팔	(잉? 믿기지 않는 눈빛) 잘 확인해보거라. 분명 네가 말한 대로 생긴 풀들만 뽑아왔다.
서비	(안 되겠다는 듯 일어서며) 힘드셨을 텐데 쉬고 계십시오. 제가 직접 다녀오지요.

범팔, 후들거리는 다리를 끌고 일어서는

범팔	쉬다니.. 사내대장부가.. 어찌 쉰단 말이냐..

17   D, 상주 인근 산 일각

광주리를 들고 산을 오르고 있는 서비. 그 뒤를 따르는 점점 더 초췌해 보이는 범팔. 서비, 산을 오르면서도 눈에 띄는 약초들을 캐서 광주리에 담고 있다. 어느새 절반 넘게 차오른 광주리.

범팔	그 정도면 충분한 것이 아니냐.
서비	(주변을 둘러보며) 아직 찾아야 할 약초가 더 있습니다.
범팔	(정말 힘들어 죽겠다) 도대체 뭘 더 찾는다는 것이냐?
서비	무학초요. 저하의 상처가 아직 아물지 않았습니다. 그 약초가 필요합니다.

범팔, 주변을 둘러보며 약초를 찾는 서비를 심통이 나는 듯 보는..

범팔   저하께 드릴 약초란 말이냐..

서비   (계속 약초 찾기에 바쁜)

범팔   ...나도..여기 다쳤는데...

서비   나으리께선 도망치다 다치신 거구요.

범팔, 무안한 얼굴이 되고, 서비는 약초를 찾으며 앞으로 나아가
는데..

범팔   (무뚝뚝한) 그쪽은 가면 아니 된다.
        그쪽 길은 위험하여 관에서 엄히 출입을 금했다 하였다.

서비   (보다가) 짐승들이 다니는 길도 아닌데 무엇이 위험하다는 겁니까?

범팔   낸들 알겠느냐. 언골인지 나발인지 귀신이라도 튀어나오는 모양
        이지. 이제 그만 돌아가자.

범팔, 돌아서려는데

서비   방금 뭐라 하셨습니까?

범팔   뭘 말이냐?

서비   방금.. 언골이라 하셨습니까?

범팔   그래, 저 위에 계곡 이름이 언골이라 하였다.
        멈칫하는 서비.

-인서트
-3부, 20씬.

303

병상일지를 읽어 내려가는 창.

창   차갑고 사시사철 안개가 낀 곳, 언골, 초가을, 보랏빛 하늘하늘한
        꽃을 피우는 생사초가 죽은 사람을 되살린다.

        -다시 현재 상주 인근 산 일각으로 돌아오면
        서비, 설마..하는 눈빛으로 위쪽 산길을 바라보다가 휙 빠르게 오
        르기 시작한다.

범팔   (그런 서비 보다가 한숨 내쉬며) 하.. 진짜 말릴 힘도 없다.

        그러다가 서비 뒤를 쫓기 시작하는 범팔.

18   D, 언골 일각

        산길이 끝나는 길, 큰 돌들로 가득한 계곡이 나타난다.
        계곡으로 내려서서 위로 올라가는데 저 앞쪽으로 자욱이 낀 안개.
        안개 쪽으로 다가가는데 오싹한 듯 어깨를 움츠리는 범팔.
        입김을 후후 불어대며

범팔   으스스한 것이 이곳만 겨울이 먼저 온 것 같구나.
서비   차갑고.. 사시사철 안개가 낀 곳..

그때, 안개 저쪽에서 바람이 불어오자 딸랑딸랑 들려오는 방울 소리.
방울 소리를 따라 안개 안쪽으로 이동하는 두 사람.
서서히 안개 사이로 드러나는 풍경.
출입을 엄금한 듯, 계곡 중간에 금줄이 드리워져 있고, 금줄에는
뜻 모를 부적들과 방울들이 매달려 있다.
금줄을 지나 더욱 계곡 안쪽으로 들어가는데..
짙은 안개 사이로 하늘하늘 피어 있는 보랏빛 꽃들이 들어온다.

서비   ...생사초...
범팔   뭐라 했느냐?

다가가 생사초를 살피기 시작하는 서비.

서비   ...이 풀입니다. 이 풀이 죽은 사람들을 살린 거예요.
        이승희 의원님이 분명 그리 적어놓으셨습니다.
범팔   이승희 의원이 여기 있는 풀을 어찌 알았단 얘기냐?
        저처럼 관에서 엄히 출입을 금해놓았는데...

서비, '딸랑딸랑' 들려오는 방울 소리를 듣다가 멈칫한다.
그런 서비의 모습에서

-인서트
5부 16씬,

305

서비의 코앞에서 튀어나오는 괴물의 목을 쳐버리는 가노.
그런 모습을 멈칫해서 바라보는 서비의 눈빛.
검으로 괴물의 목을 치는 안현.

-다시 언골로 돌아오면 혼란스러운 눈빛의 서비.

서비   이 풀의 효능을 알고 그 사실을 숨기기 위해.. 출입을 금했을 수도
       있습니다..

범팔   (믿기지 않는) ...관에서 이리 위험한 풀을 알고도 숨겼단 말이냐..
       그럴 리 없다.

그때 어디선가 불어오는 바람에 안개가 술렁인다.
바람이 불어오는 곳을 바라보는 서비.

-시간 경과되면
일렁이는 안개 사이를 뚫고 앞으로 나아가는 서비와 그 뒤를 쫓는
범팔, 안개 사이로 어두운 동굴의 입구가 나타난다.

18-1   D, 상주 읍성 인근 일각

붉은 석양이 내려앉고 있는 하늘.
말에 탄 채 하늘을 올려다보고 있는 창과 무영.
그 주변으로 운포늪을 향해 이동 중인 피난민들과 군민들 중 뽑힌

장정들.

아직 열려 있는 상주 읍성의 성문을 통해 노약자들을 실은 한 무리의 수레들이 가노들의 인도를 받으며 줄지어 들어가고 있다.

창을 보자 고개 숙여 목례를 하는 가노 1.

창   인근 군민들은 모두 피신시킨 것이냐.

가노1   예, 이들이 마지막입니다.

창   서둘러라. 해가 지고 있다.

가노 1, 인사를 한 뒤 수레를 이끌고 읍성 문으로 향하고..

창과 무영은 운포늪 쪽을 향해 움직이다가

창, 문득 고개 돌려 수레 행렬 중 후미 쪽에 실려진 병자들을 바라보다가 그 옆에 걸어가는 가노 2에게

창   나와 함께 온 의녀는 읍성 안에 있느냐?

가노2   대감마님의 집에서 병자들을 돌보고 있었는데 아까부터 보이지 않았습니다.

창, 고개 돌려 상주 읍성 쪽을 바라본다.

무영, 그런 창을 보다가

무영   저하, 해가 지기 전에 늪으로 가셔야 합니다.

창, 무영의 말에 말머리를 돌려 무영과 함께 운포늪으로 향한다.

19   D, 운포늪

대나무로 만든 활과 화살을 피난민들과 군민들 중 무기가 없는 장
정들에게 나눠주고 있는 덕성과 가노들. 그 곁에 서서 그런 모습
을 지켜보고 있는 안현.
그때, 들려오는 영신의 목소리.

영신(소리) 제겐 총을 내어주십시오.

보면 장정들 뒤쪽에서 걸어 나오는 영신이다. 멈칫하는 덕성.

덕성   (낮은 소리로 안현에게) 말씀드린 수망촌의 아입니다.

덕성의 말에 의아한 듯 덕성과 안현을 보는 창.
가만히 영신을 바라보는 안현.

안현   조총을 사용할 줄 아느냐.
영신   ..착호군에 있었습니다.

차가운 눈빛으로 안현을 바라보는 영신.
그런 영신을 가만히 바라보는 안현, 시선이 교환되다가..
안현, 천천히 입을 연다.

안현   저자에게 조총을 주거라.

덕성, 그런 안현을 보고 영신을 한번 본 뒤, 활과 화살들 옆에 놓인 나무 상자 안에서 조총을 꺼내 영신에게 건넨다.

조총과 오구, 죽관을 챙겨 드는 영신, 다시 한 번 가만히 안현을 바라보다가 뒤돌아서 걸어간다.

멀어지는 영신을 바라보는 안현의 눈빛, 회한이 가득하다.

그런 안현의 모습 위로 서서히 땅거미가 내려앉기 시작하고..

20   N, 상주 읍성 외경

어둠이 내려앉은 상주 읍성 외경

21   N, 상주 읍성 성곽 위

성곽 위에서 긴장한 눈빛으로 밖을 바라보고 있는 아전들.
병성천 쪽 다리들 위와 운포늪 쪽 여러 곳에 횃불들이 타오르고 있다.

상주 아전1 (성곽을 지키는 군졸에게) 지금이 몇 식경이나 되었느냐.
상주 군졸 인시가 끝나가고 있습니다.

22   N, 병성천 다리 위

다리 위에 겹겹이 겹쳐놓은 수레들.
제일 남쪽 수레 앞에 서 있는 상주 군관과 군졸들.
수레 너머의 어둠을 긴장한 눈빛으로 지켜보고 있다.

23   N, 운포늪

간간이 새소리가 들려오는 적막한 운포늪.
서서히 피어오르는 물안개 사이로 보이는 늪 위에 점점이 떠 있는
쪽배들. 사잇길을 사이에 둔 양쪽 늪 위에 떠 있는 쪽배들 위에는
영신, 덕성을 비롯한 장정들.
사잇길 끝, 들판과 이어지는 부분에 일렬로 서 있는 가노들.
그 가장 앞쪽에서 남쪽의 어둠을 바라보고 있는 창과 안현, 무영.

24   N, 좌거 안

규칙적으로 들려오는 말발굽 소리와 흔들림.
사면이 닫힌 어둡고 좁은 좌거 안에 무표정한 얼굴로 앉아 있는
조학주.
그때 목적지에 도착한 듯 소리가 멈추면서 밖에서 들려오는 목소리.

내금위 1(소리) .. 도착했습니다.

천천히 고개를 드는 조학주.

25   **D, 문경새재 제3관문 북측**

좌거의 문이 열리며 바닥으로 내려서는 조학주.
미리 기다리고 있었던 듯 조학주 앞에 저벅저벅 다가와 고개를 숙이며 예를 표하는 사람, 훈련대장이다.

훈련대장 어서 오십시오, 영상대감.

조학주, 잠시 훈련대장을 보다가 그 너머로 시선을 돌리는데, 보면 웅장하게 서 있는 성루가 있고.. 성루 중앙에는 '영남 제3관'이라는 현판이 걸려 있다.
그 아래, 번을 서고 있던 중앙군들 역시 조학주를 향해 일사불란하게 목례.
차갑게 가라앉은 눈빛으로 문경새재 성곽 쪽을 향해 걷는 조학주.
그 뒤를 따르는 훈련대장.
성곽 난간에 다다른 조학주, 저 멀리 상주를 바라본다.

조학주   어찌 되었는가.
훈련대장 아직 상주는 무사합니다.

26 N, 운포늪

여전히 긴장된 눈빛으로 남쪽의 어둠을 바라보고 있는 창, 안현, 무영.

무영 이제 곧 해가 뜹니다.

그러나 창도 안현도 긴장을 풀지 않고 흔들림 없이 남쪽 어둠을 바라보고 있는데..
순간 자욱하게 긴 물안개 너머로 들려오는 '타닥타닥' 말발굽 소리.
멈칫하는 사람들, 물안개 쪽을 바라보는데..
물안개를 뚫고 서서히 나타나는 그림자.
안장과 전신 여기저기에 피가 튀어 있는 말 한 마리.
말의 고삐를 비추는 화면. 마지막까지 고삐를 당기다 당한 듯 가노의 손이 손목부터 뜯겨진 채 고삐를 부여잡고 있다.
그 손에서 뚝뚝 떨어지는 피.
굳은 눈빛으로 그 모습을 바라보는 쪽배위의 사람들.
창과 안현 역시 떨리는 눈빛으로 그 광경을 바라보며

안현 정찰을 나갔던 가노의 말입니다..
창 ...피가 아직 마르지 않았어요..
이제 곧 들이닥칠 겁니다.

창, 고개를 돌려 남쪽의 물안개를 바라본다.

27   N, 몽타주

병성천 다리 위, 수레 위에 불을 붙이는 군관들.
타오르는 불빛 너머를 바라보는 군관과 군졸들의 눈빛에는 공포
가 배어 있다.
-굳은 눈빛으로 남쪽을 바라보고 있는 쪽배 위의 장정.
물안개를 바라보고 있는 장정의 손, 벌벌 떨리고 있다.
-더욱 긴장한 눈빛으로 남쪽 어둠을 바라보고 있는 창과 안현.
일렬로 선 가노들. 그들 중 선 무영, 하늘을 바라본다.
아직은 어두운 하늘.

무영   ..제발.. 좀 떠라..

28   N, 상주 읍성 성곽 위

가만히 상주 쪽을 내려다보는 조학주.
순간 뭔가를 느낀 듯 하늘을 올려다본다. 서서히 푸르른 미명이
다가오고 있다.

29   D, 몽타주

-운포늪 쪽배 위의 장정, 서서히 해가 뜨는 하늘을 보며 눈빛 밝

아진다. "해다!! 해가 뜨고 있어!"

-운포늪 창과 안현, 가노들.

역시 하늘 위로 떠오르는 해를 바라본다.

엷게 안도의 한숨을 내쉬며 서로를 바라본다.

-병성천 다리 위, 역시 햇빛을 느끼며 긴장을 풀고 서로를 바라보며 미소를 짓는 군졸들.

-아직도 안개가 남아 있는 운포늪 쪽배 위 영신 역시 하늘을 바라본다.

30   D, 운포늪

창과 안현에게 다가오는 상주 군관.

상주 군관   어찌 할까요?

창과 안현, 마지막 확인이라도 하는 듯 남쪽의 물안개를 바라본다.

그러나 아무 움직임이 없다.

안현   (보다가) 오늘 밤도 대비해야 하니, 잠시 휴식을 취하라 하겠습니다.

창, 그런 안현에게 고개 끄덕하는..

31   D, 몽타주

-운포늪의 병사들. 무기를 챙겨 들고.
-함지의 물에 횃불을 끄는 가노들.
-병성천 다리 위, 역시 무기를 챙기고 횃불을 끄는 군졸들.
-다리 위의 수레들을 뒤쪽으로 빼기 시작한다.

32   D, 문경새재 제3관문 북측

난간 위에서 상주를 가만히 내려다보고 있는 조학주.

조학주   ...끝났다 생각하느냐...

그런 조학주의 입에서 나오는 하얀 입김.

33   D, 운포늪

무기를 들고 다들 철수하고 있는 운포늪.
순간, 운포늪 남쪽 물안개 너머에서 푸드득 소리와 함께 뛰어오르
는 한 무리의 새 떼들.
멈칫하며 뒤돌아 바라보는 창, 그리고 안현.

34   D, 언골 일각

계곡 안, 바위 위에 앉아 벌벌벌 떨고 있는 서비의 얼굴, 클로즈업
으로 보인다.
새파랗게 변한 입, 공포에 가득한 눈빛으로 무언가를 바라보고 있다.

서비   ...햇빛이.. 아니었어..

그런 서비의 입에서 나오는 하얀 입김.

35   D, 운포늪

말없이 남쪽의 물안개를 바라보던 창.
여전히 고요한 물안개 너머를 바라보다가 무영에게

창   화전을 다오.

화전을 건네는 무영. 창, 술렁이는 물안개를 향해 화전을 겨누고
시위를 당긴다.
빠른 속도로 운포늪을 지나 물안개를 향해 날아가는 화전.
술렁이는 물안개 아래 읍성을 향해 뛰고 있는 그림자들이 빠르게
지나가는 화전 불빛에 희끗희끗 안개 사이로 보이기 시작한다.
-운포늪, 날아가는 화전을 바라보는 창과 안현, 무영, 그리고 가노들.

-남쪽 물안개 사이를 꿰뚫던 화전,

순간, 안개 사이로 튀어나오는 뭔가를 적중한다.

'크아악!!' 포효하는 피범벅이 된 역병에 걸린 괴물이다.

-운포늪, 물안개 너머에서 들려오는 '크아악' 포효 소리에 멈칫하는 창과 사람들. 뭐지? 설마.. 하는 눈빛으로 남쪽의 물안개를 바라본다.

36   **D, 문경새재 제3관문 북측**

성곽 위에서 상주를 아니 마치 창을 내려다보는 듯한 조학주의 입가에 그려지는 차가운 미소.

조학주   죽음과 삶이 뒤바뀌는 역병.. 생사역..
그 무서움은 이제부터 시작될 것이다.

37   **D, 운포늪**

설마하는 눈빛으로 물안개를 바라보는 사람들.

빠르게 들려오기 시작하는 귀에 익은 불길한 '크르르' 소리들.

그리고 순간 물안개를 뚫고 '크아아악!' 포효하며 읍성 쪽을 향해 미친 듯이 달려오는 괴물들.

아침 햇살 아래 선연히 보이는 괴물들의 모습들을 소스라치게 놀라 바라보는 창, 안현, 무영, 쪽배 위의 영신, 가노들.

풍전등화, 상주를 향해 달려오기 시작하는 괴물들.

두려움과 불신, 혼란에 가득 찬 눈빛으로 괴물들을 바라보는 창의

모습에서..

시즌 2에서 계속

킹덤

김은희
대본집